Gottfried Kölwel · Gesichter der Liebe

Gottfried Kölwel

Gesichter der Liebe

Erzählungen

Langen Müller

Die elf Illustrationen zeichnete János Fischer

Umschlaggestaltung: Peter Schimmel, München
Satz: VerlagsSatz Kort, München
Druck: Jos. C. Huber KG, Dießen
Printed in Germany 1982
ISBN 3-7844-1896-1

Inhalt

Was du in jungen Jahren selbst erlebst
oder miterlebst, prägt sich ein wie die Schrift
auf einer Wachstafel und steht
verklärt vor dir
in deinen späteren Jahren.

Begegnung mit Pan

Der Himmel war wolkenlos blau, die Luft von goldener Wärme erfüllt, eng zogen die Schatten der Bäume ihre dunklen Flügel ein. Denn es war gleich nach Mittag, als ich nach Jahren draußen vor dem Ort heimlich auf Erika wartete. Obgleich ich seit längerer Zeit beim Studium in der Stadt weilte und das Knabenalter längst hinter mir hatte, gehörte ich doch noch immer zu jenen Menschen, die vom wirklichen Leben nur wenig wissen. Erika hingegen, ein blondes, zur Fülle erblühtes Mädchen, war um vieles reifer und so auch bereiter und kühner gegenüber den Wundern des Lebens.

Auch heute glühte sie wieder, innen und außen, als sie mit mir an den Fluß hinauswanderte. Wenn ich in der heißen Sonne so neben ihr herging und der Weg durch ein Gebüsch führte, wartete Erika stets heimlich darauf, daß ich sie umfassen und küssen werde. Doch ich, der Scheue, der Gehemmte, zitterte schon, wenn ich Erika nur die Hand gab, sie an den Schultern berührte oder gar meinen Kopf leicht an ihr Haar lehnte.

Dieselbe Zurückgezogenheit wahrte ich draußen auf dem Badeplatz. Es war dies eine ganz abgelegene Stelle, wohin fast nie ein Mensch kam. Hinter mir und Erika verdichteten sich die Weidenbüsche zu einer undurchsichtigen Wand, vor uns trieb der leuchtende Fluß. So weit man sah, lagen nur Wiesen und Wälder; kein Weg, geschweige denn gar eine Straße, führte an diesen Ufern vorbei. Nur der Himmel war über allem wie eine geschlossene Glocke. Erika, die sich in der brütenden Sommerwärme im Gras streckte, sah die Sonne wie einen goldenen Apfel des Paradieses am Himmel hängen; aber wie hoch, wie weit entfernt war doch diese glühende Frucht! Unter ihr flogen die Vögel dahin, in kühnsten Schleifen einander nach, es schwirrten die Mücken im Tanz, dann und wann fing eine Grille zu zirpen an, um bald darauf, wie vor sich selbst erschrocken, wieder zu verstummen.

In dieser Stille vernahm Erika plötzlich ein Geräusch. Es war ein seltsames Geräusch, denn es kam vom Fluß her, als ob ein Kahn sich durch die Wasser Bahn bräche und die Ruder immer wieder in den Fluß schlügen. Der Fluß selbst war nicht weit zu übersehen; denn von oben kam er aus einer Krümmung daher, um sich nach unten abermals in der Krümmung zu verlieren. Zudem stand am andern Ufer hohes Schilf, das in der

Kurve des Flusses jeden Ausblick verbaute. Gespannt wartete Erika nun, was denn da in dieser Einsamkeit so unerwartet daherkam. Sie erhob sich leicht und hielt den Atem an.

Siehe, da erblickte sie auch schon etwas. Es kam gerade aus der oberen Krümmung des Flusses. Seltsam dunkel sah es aus. Nein, das war kein Kahn. Wie ein Fell mutete es an. Man erkannte rasch, daß es ein Schwimmer war. Je näher der Mann herankam, desto deutlicher sah man sein volles, dunkles Haupthaar, das sich in einem ebenso dunklen Bart nach unten fortsetzte. Manchmal, wenn der Schwimmer sich mit der Brust etwas aus dem Wasser hob, schien der Bart aus der Tiefe wie eine Alge emporzutauchen, um sich gleich darauf wieder zu versenken. Bei diesem Emportauchen sah man auch die vollen, kräftigen Schultern und den von der Sonne tief gebräunten Körper; das Wasser rieselte in silbernen Bächen und Tropfen von seiner Haut ab, dann wieder schäumte es ringsum, sprudelte an ihm auf und ab, bis ein weißer Wellenkranz ihn völlig umschloß. Es war, als ob das sonst so ruhige Wasser in seiner Nähe ins Kochen geraten wäre.

Erika sah den Schwimmer immer näher kommen. Sie bemerkte, daß er von dem Augenblick an, da er sie entdeckt hatte, keinen Blick mehr von ihr wandte. Sie glaubte in seinen Augen bald etwas Dunkles, bald etwas Weißes zu sehen. Dabei kam, je mehr er sich näherte, eine merkwürdige Stille über ihn, eine Spannung, die all seine bisherige Bewegung immer langsamer und gemessener erscheinen ließ. Das Wasser um ihn herum wurde ruhiger, die Wellen glitten immer lautloser von ihm weg; denn jetzt, da er schon ganz nahe herankam, ließ er sich nur mehr gleiten; keine Hand, kein Fuß schien sich mehr zu rühren. Wie belebt aber war sein Blick! Als ob sich all seine Kräfte im Mittelpunkt des Auges gesammelt hätten. Erika wurde von diesem Blick völlig benommen; es war ihr überhaupt eigenartig zumute: als schwämme hier nicht bloß ein Mann vorüber, sondern die menschliche Hülle einer geheimen, dunklen, fast magischen Kraft, der sie nicht mehr widerstehen konnte. Als ob das Auge des Wunders an ihr vorüberglitte, so kam es ihr wohl vor, doch sie wußte es selbst nicht, was es war; es war etwas Verwirrendes, etwas, das ihr allen Widerstand nahm. So aber geschah es, daß Erika, als der Mann schon vorüber war und nochmal langsam und eindringlich nach ihr umblickte, sich hinter einem Weidenbusch entkleidete, im Badeanzug in das Wasser sprang und ihm nachschwamm.

Ich war durch dieses Geschehnis nicht wenig erschrocken. Ja, ich war geradezu verblüfft, als ich bemerkte, daß Erika nicht mehr umkehrte, sondern immer weiter schwamm und in der unteren Krümmung des Flusses verschwand. Plötzlich sah ich nichts mehr als das noch bewegte Wasser; die letzten Wellen trieben an das Ufer und verebbten im Schilf. Mir war es, als hätte ich in diesem Augenblick das Klirren des hohen Grases gehört. Es klang wie ein dünnes, knöchernes Klirren. Dann war es mit einem Male still. Es war eine Totenstille um mich, die vom Treiben der Wasser wie von einer monotonen dunklen Stimme begleitet wurde. Merkwürdig war diese Stimmung unter dem leuchtenden blauen Himmel. So verlassen hatte ich mich lange nicht gefühlt. Ich blickte um mich her, als ob ich irgendwo Hilfe suchen wollte, ich blickte bald auf die abseits liegenden Kleider, bald auf das treibende Wasser, bald durch das Weidendickicht in die Weite der Wiesen hinaus. Niemand war in der Nähe zu sehen, nur ein einsamer Rabe flog krächzend über mich hinweg.

Was sollte ich tun? Mich wieder setzen und warten, bis Erika zurückkäme, oder mich auch entkleiden und in die Fluten stürzen, um ihr nachzuschwimmen? Lange überlegte ich, bis ich leise zu gehen anfing. Ja, ganz leise fing ich an zu gehen, als ob man meinen Schritt im Gras nicht hören sollte. Wie ich auftrat! Als ob ich jeden Schritt bemessen und belauschen wollte. Ganz langsam kam ich so vorwärts. Dabei duckte ich mich meist und blieb immer wieder stehen, ob ich nirgends etwas höre. Doch das Uferland blieb still und verlassen. So ging ich weiter, weiter. Ich stieg über alte, morsche Wurzeln hinweg, die wie erstorbene, verfaulende Schlangen in der Sonne dalagen, ich schritt durch breite Mulden hindurch, wo der Boden unter meinen Sohlen glühte, ich zwängte mich durch die Schwerter des Schilfes, wo die bunten, leichten Libellen erschrocken vor mir davonflogen, ich umbog breite Weidenbüsche, die mit ihren Schatten nach mir griffen, blieb immer wieder stehen und horchte.

So war ich schon eine ziemliche Strecke gegangen, als ich plötzlich eine Stimme hörte. Es war eine dunkle Stimme, die von Zeit zu Zeit aussetzte, um dann wieder verhalten zu beginnen. Reglos blieb ich stehen. Woher doch diese Stimme kam? Ich horchte, lauschte. In der Nähe, fast ganz am Fluß, sah ich ein dichtes Weidengebüsch stehen. Es war ein Weidengebüsch wie jenes, hinter dem ich mit Erika gelegen hatte. Sonst sah ich nichts. Denn der Weidenbusch war aufgequollen wie eine Wolke. Von dorther mußte die Stimme kommen. Nun schlich ich noch leiser vorwärts. Ich ließ mich auf den Boden nieder, um nirgends gesehen zu werden. Auf Händen und Füßen fing ich an zu kriechen; ganz langsam, ganz vorsichtig schob ich einen Arm nach dem andern, einen Fuß nach dem andern vorwärts, bis ich, bisweilen völlig atemlos, endlich hinter dem großen Buschwerk anlangte. Hier hörte ich die dunkle Stimme immer deutlicher. Vorsichtig, als ob ich einen Vorhang ganz, ganz leise aufziehen wollte, griff ich nach einigen Weidenblättern und zog sie zur Seite. Dann griff ich nach den dünnsten Zweigen, langte nach immer dickeren aus und brach, immer gleich lautlos, einen Spalt durch das Buschwerk.

Jetzt sah ich, wenn auch vom Buschwerk noch größtenteils verdeckt, den braunen, bärtigen Mann sitzen, der vor einiger Zeit im Fluß hinabgeschwommen war. Dicht neben ihm saß Erika. Wie das zarte, weiße Geschöpf sich neben ihm ausnahm. Manchmal schien sie zu ihm hingezogen zu sein, als belausche sie das Rauschen einer tönenden Muschel. Ganz deutlich hörte ich alles, was der fremde, riesige Mensch zu Erika sprach. »Sieh da den Fluß«, sagte er. »Du sagst, das ist Wasser zum Baden. Wohl, du hast recht. Es ist Wasser zum Baden für jeden, der darin schwimmen will. Ich sage, das ist der Fluß. Weißt du auch, was das ist? Ein Fluß? Das ist Wasser, das immer kommt und immer geht und doch immer da ist. Vielleicht sagt auch jemand: Es ist das ewige Wasser. Vom Himmel kommt es und steigt wieder zum Himmel empor. Aber während es da ist, während es irdisch ist, so wie du und ich« — während dieser Worte neigte sich der Mann leicht zu Erika hin —, »ja, solange es irdisch ist, so lange fließt es. Sieh es nur an«, sprach der Mann weiter, »was es alles sammelt in sich auf seinem Weg. Hier spiegelt sich ein Baum in ihm, dort das Schilf, der blaue Himmel liegt des Tages über auf seinem Grund, und in der Nacht steigen Mond und Sterne zu ihm herab. Der Flug der Schwalben und Lerchen rührt sich ebenso in seiner Tiefe wie die Flügel des Raben und Habichts. Es ist immer etwas Neues und immer etwas anderes, was der Fluß in sich aufnimmt: stille Mühlen, abgelegene Gehöfte, brausende Städte, alles, alles lebt in ihm. Immer weiter zieht so der Fluß und wird immer größer, und rastet nicht, bis er schließlich doch zur Ruhe kommt, zum großen, in sich ruhenden Meer, um von hier aus wieder zu den Wolken des Himmels emporzusteigen. Ja, das also ist der Fluß«, sagte der Mann zu Erika, »der Fluß, den du hier siehst und der uns beide eben hierher in diesen stillen Winkel getragen hat. Ich sage, das ist der Fluß, und doch, Kind, ist dies alles, was ich dir jetzt erzählt habe, nur ein Gleichnis. Sage, es ist die Lie-

be, und du hast ebenso recht wie ich, wenn ich sage, es ist der Fluß.« Reglos blickte Erika den Mann an, doch während sie ihn anblickte, sank sie ihm plötzlich zu.
In diesem Augenblick krachten die Zweige des Weidenbusches; ich hatte die Äste auseinandergerissen und schrie wie durch ein Fenster hindurch: »Erika!« Das Mädchen fuhr, wie aus einem Traum aufgestört, zusammen, es hatte ganz verstörte Augen; doch kaum hatte sie mein Gesicht gesehen, da sprang sie auf, lief an den Fluß und sprang in das treibende Wasser. Der Mann, im ersten Augenblick gleichfalls erschrocken, lächelte, als er mein Gesicht sah; dann trat er ganz langsam, als ob dieser Ruf nichts, gar nichts zu bedeuten hätte, an das Ufer, streckte die Arme und ließ sich in das Wasser gleiten. Ich glaubte, als der Mann sich nochmal nach mir umsah, noch immer das Lächeln in seinem Gesicht zu sehen. Währenddessen schwamm der Fremde flußabwärts davon, Erika nach, so wie diese ihm zuerst nachgeschwommen war, und beide trieben auf den Wellen weiter, immer weiter, bis ich wiederum allein dastand und nichts mehr sah und hörte.
Nein, ich sah nichts mehr von beiden, nur dort, zwischen dem Weidengebüsch, sah ich eine verlassene Staffelei, Kleider hingen daran, und ich

erkannte, daß dieser von der Sonne über und über Gebräunte ein Maler war, der, statt seiner Arbeit nachzugehen, hier einen neuen Menschen gefunden hatte.
Es war ein bitterer Weg, der mich zurückführte an den Badeplatz; ganz müde war ich, erschöpft. Ich fühlte, daß ich Erika heute, an diesem brütendheißen, leuchtenden Tag für immer verloren hatte. So blieb ich schließlich auch nicht länger, sondern machte mich auf und ging.
Die Kleider Erikas lagen noch immer da wie die abgefallene Hülle einer Gestalt, die ich nie zuvor gesehen hatte. Es war eine seltsame Gestalt, die sich mit der Zeit in meinem Gedächtnis immer deutlicher ausprägte. Immer, wenn ich daran dachte, besonders in späterer Zeit, erschien mir die Gestalt einer Nymphe, einer Göttin, die im Flusse dahintrieb, während mir der Maler zum Bild des ewigen Pan wurde, der umgeht auf der Erde, solange sie glüht unter der leuchtenden Sonne.

Der lange Wendelin

Seit jenem Erlebnis dachte ich immer und immer wieder an die Worte, die ich hinter dem Buschwerk aus dem Munde eines fremden Menschen gehört hatte. Seltsam, obgleich die Worte für einen anderen Menschen bestimmt waren, hatten sie doch auch für mich eine nachhaltige Wirkung. Die Liebe war zum Mittelpunkt des Lebens geworden, und ich spähte und horchte nach allen Seiten, als könnte ich überall das bewegende Geheimnis ergründen.

Was ist uns mehr vertraut als jene Stätten der Jugend, wo uns das Leben mit all seinen heiteren und dunklen Gesichtern zum erstenmal begegnete. Das kleinste Ding, das scheinbar geringste Erlebnis erscheint uns, durch die Brennlinse der Erinnerung gesehen, in einer Deutlichkeit, als hätte die Zeit alles vergrößert, alles verklärt. So sehe ich im Geiste immer wieder die alten Gassen des Ortes, ich sehe jedes Haus vor mir, seine Bewohner ebenso wie die hochstrebenden und geduckten Giebel, die grauen Schindeln und roten Ziegel darauf, die schwarzen und die hellen Fen-

ster, die alten Türen, die Steinplatten und ausgetretenen Holzschwellen davor, und ich sehe auch ganz deutlich jene Hohlnische wieder, die über der Tür eines dieser Häuser in der Mauer angebracht war. Darin stand, solange ich wußte, eine alte Holzfigur. Das Haus gehörte einer Schreinerswitwe, die neben ihrem einzigen Sohn, dem langen Wendelin, wie man ihn wegen seiner hochgeschossenen Gestalt nannte, in aller Stille und Demut ihr Leben verbrachte. Sie hatte eines Tages den Wunsch geäußert, Wendelin möchte die Figur aus der Nische herabnehmen und sie in frische Farben kleiden, damit sie jedem, der vorübergehe, wieder so eindringlich in die Augen falle wie zur Zeit ihrer jungen Ehe.
Ich kam gerade an dem Haus des Schreiners vorbei, als Wendelin hoch oben auf einer Leiter stand und, sichtlich unbeholfen, die alte Figur aus der Nische nahm. Ich hörte, wie er etwas fluchte, nicht aus einer bösen und ingrimmigen Art, wie der Leser vielleicht denken könnte, sondern aus jener dem einfachen Volk eigenen Gewohnheit, jede Handlung mit passenden oder unpassenden Worten zu begleiten. Als er mich unten an der Leiter stehen sah, fing er laut zu lachen an, als ob er hier etwas Komisches zu verrichten hätte, und ich sehe ihn noch heute, in der Erinnerung, über die Leiter herabsteigen, lang

und dürr, den blauen Schurz vor die Hose gebunden, das kragenlose Hemd bis zur Brust offen; an seinem gestreckten Hals sprang das weit vorstehende Zäpfchen auf und ab, wenn er etwas sagte, und die roten Haare über dem übermäßig langen Gesicht schienen etwas nach oben zu stehen, als hätte er gar einen heimlichen Schrecken, es könnte der Figur etwas zustoßen. Sorglich hielt er sie im Arm, und als er endlich, über die letzte Sprosse, unten angekommen war, sagte er: »Etwas schwarz ist sie ja schon, das muß man zugeben.«

Es war eine Madonna. Sie trug das Gesicht jener Frauen, die in der Gegend heimisch sind, und auch das Kind sah nicht anders aus, als wir wohl alle in unseren jüngsten Tagen einmal ausgesehen haben. Sicher hatte sie vorzeiten ein heimischer Bildschnitzer angefertigt, wohl gar einer der Vorväter des langen Wendelin, von denen man allerdings kaum mehr etwas wußte. Die Madonna, die einen weiten, faltenreichen Rock trug und über den Schultern ein langes, wallendes Tuch, hielt das pausbackige Kind auf dem Arm und lächelte. Es sah aus, als wollte sie, ganz von Glück erfüllt, die Frucht ihres Leibes jedem zeigen, der hier vorübergehe. Wendelin betrachtete die Figur und sagte zu mir: »Weißt du, meine Mutter hat gut reden. Aber eigentlich kann ich mit den Heiligen gar nicht recht umgehen.« Er lachte dabei, und da er wußte, daß ich mich in jener Zeit viel mit Pinsel und Farbe beschäftigte und die Ferien dazu benützte, meiner Liebhaberei nachzugehen, bat er mich, ihm die Arbeit abzunehmen und die Figur so zu bemalen, wie ich es für gut halte. Er hielt mir die Statue mit beiden Händen entgegen, und ob ich nun wollte oder nicht, ich mußte sie nehmen.

Mit der Figur im Arm schritt ich, während mir Wendelin lachend nachsah, wohl froh, der Arbeit ledig geworden zu sein, unserem Garten zu. Das Holztor führte mitten in den sommerlichen Frieden hinein, gleich am Eingang standen mehrere, mit wachszarten, roten Herzen über und über behangene Blütenstöcke; daran reihten sich, den Weg entlang, bunte Nelken und erfüllten mit ihrem Duft, in Gemeinschaft mit den roten und gelben Rosen, die fast reglose Sommerluft; Feuerlilien wetteiferten mit dem blauen Fingerhut, blauer Phlox und gelber Ginster, alles mischte sich zur blühenden Fülle.

Zwischen all den Blumen und den mit Salat, Gurken, Rettichen und Zwiebeln bewachsenen Beeten schritt ich dem in der Mitte gelegenen Gartenhaus zu. Das Licht fiel durch das Laub auf die ausgebreiteten Farben und Pinsel und erhellte eine bunte Welt. Mitten in diese Welt hinein stellte ich die fast farblose Figur, um sie in den nächsten Tagen mit bunten Farben zu bedecken. Der faltenreiche Rock sollte weiß werden, mit goldenen Sternen darauf, das Schultertuch blau, und das Gesicht der Mutter sowie das nackte Kindlein wollte ich mit so rosigen Farben bemalen, als wären sie, wie die jungen Rosen draußen im Garten, eben zur sommerlichen Fülle erblüht. Während ich an einem der nächsten Tage so sehr in meine Arbeit vertieft war, daß ich kaum mehr an den langen Wendelin dachte und auch nicht mehr an seine Worte, er könne mit den Heiligen nicht recht umgehen, merkte ich, wie zahlreiche Bienen in das Gartenhaus hereinkamen, als hätte der Geruch der Farbe sie angezogen. Ich befürchtete schon, die eine oder andere könnte an der frischen Ölfarbe wie eine Fliege kleben bleiben, da hörte ich plötzlich Schritte, die durch den Garten dem Sommerhaus näher kamen. Soviel ich durch das Laub des Wildweins erblicken konnte, glaubte ich einen meiner Jugendfreunde zu erkennen, der mit mir studierte und des öfteren hierher kam, um zu sehen, wie weit ich mit meiner Malerei gekommen sei. Doch schien er sich heute, als der Vermutete in das Sommerhaus eingetreten war, gar nicht für die Statue und die bereits aufgetragenen Farben zu interessieren; er war heimlich erregt, das merkte ich, und hatte mir irgend etwas zu berichten. Er stand mit mir in jenen Jünglingsjahren, in denen man für die Geschehnisse des Lebens immer ein besonders offenes und empfängliches Herz hat.

»Hast du das schon gehört«, begann er, »was sich heute nacht ereignet hat?« Ich ließ den Pinsel ruhen und blickte ihn fragend an; denn ich wußte nicht, was ihn bewegte. »Was?« fragte er verwundert, »du hast noch gar nichts davon gehört?« Immer gespannter erwartete ich die Neuigkeit. »Den lange Wendelin hat man doch erwischt«, fuhr er fort. »Der Kreuzwirt hat ihn heute am frühen Morgen aus der Kammer seiner Magd fortgejagt.« Ich sah meinen Freund stumm an und blickte dann auf die Statue. Die Mutter mit dem Kind stand reglos in der Morgensonne. Wo die Farben bereits aufgetragen waren, glänzten sie bunt und hell.

Unwillkürlich verwandelte sich die Figur vor meinen Augen, und ich sah im Geiste das Bild jener Magd vor mir, von der mein Freund eben erzählt hatte. Es war ein auffallend schwarzhaariges Mädchen mit einem ebenso auffallend gezogenen Scheitel. Wie ihre Augen waren, wußte ich allerdings nicht; denn sie blickte einen nie an, vielmehr schaute sie weg, wenn man ihr begegnete. Sie hatte etwas Scheues und zugleich etwas Besonderes an sich, sie war anders als die andern

Mädchen, und man sagte, daß sie aus den Böhmischen Wäldern stamme, das Kind wohlhabender Eltern wäre, aber aus dem Haus geflohen sei und sich als Magd durch das Leben schlage. Für uns junge Menschen hatte dies alles einen seltsamen Reiz, und es war uns zumute, als wäre jenes geheimnisvolle Leben, das uns so sehr lockte, in Gestalt dieser Magd abermals sichtbar vor uns hingetreten. Einer blickte den andern an, und so hörten wir in der Stille, die sich um uns bildete, die Bienen lauter summen als je zuvor.

Es summte aber am selben Tag nicht bloß hier im Gartenhaus, es summte laut im ganzen Ort; freilich waren dies nicht die Bienen, die nach edlem Honig suchten, sondern es waren all jene böswilligen Mäuler, die das nächtliche Ereignis zum Anlaß nahmen, um der schwarzhaarigen Magd alles Üble nachzusagen, was man einem Mädchen nachsagen kann. Allerdings kam auch der lange Wendelin nicht gut weg dabei, denn man hätte ihm, so sprach man es offen aus, doch schon mehr zugetraut, als sich mit einer hergelaufenen Magd einzulassen. Wie das nun einmal ist in einem kleinen Ort, wo einer den andern kennt, blieb das Ereignis der Mittelpunkt der Gespräche, und es ging eine Wolke von Gerüchten davon aus, wie der Rauch vom Feuer.

Eine jedoch war mitten unter allen, die diesen Rauch nicht geschürt wissen wollte, und das war Wendelins Mutter. Sie war eine jener gütigen und verzeihenden Naturen, die in der Liebe nicht etwas Sündhaftes sehen, sondern die von jener tiefen und innigen Kraft wissen, die alles rein und gut macht. Also redete sie ihrem Sohn auch zu, die Sache nicht auf sich beruhen zu lassen, sondern das Mädchen als seine Frau in das Haus zu führen. Es wäre ohnehin Zeit, meinte sie, daß eine junge Frau einzöge; denn sie selbst sei alt und könne der Arbeit nicht mehr nachkommen. Also stand die von mir bemalte Figur geradezu wie ein buntes Hochzeitsgeschenk in der Nische über der Haustür, als ich es gegen Ende der Ferien, ehe ich den Ort verließ, noch erlebte, wie Wendelin die schwarzhaarige Magd als Frau in sein Haus führte. Manches der bösen Mäuler wollte zwar auch jetzt noch nicht verstummen und glaubte alles eher als eine schöne und gute Zukunft prophezeien zu können. Doch Wendelin kehrte sich wenig daran und war überglücklich über die für ihn so erwünschte Wendung. Die junge Frau blieb noch immer gleich scheu und ließ sich nicht einmal sehen, als ich mich vor meiner Abreise von Wendelin verabschiedete. Wir standen vor der Tür und schauten zur bemalten Holzfigur hinauf. Wendelin zwinkerte, als ob ihn die Sonne blendete, er kniff die Augen zu, und dann sagte er: »Ja, gerade so ein Kindlein möchte ich auch. Wenn es einmal da ist, anstreichen brauchst du es nicht«, lachte er, »denn es wird wohl ohnehin eine gute Farbe haben.«

Er hatte richtig gehofft; denn als ihm nach neun Monaten ein kleines Mädchen geboren wurde, sah es frisch in die Welt, als hätte es längst darauf gewartet, endlich im Garten der Erde heimisch zu sein. Wenn es auch noch nicht denken konnte, so schien es doch, als freute es sich am Licht der Sonne, an den Bäumen, die draußen vor dem Fenster zu blühen anfingen, an den singenden Vögeln auf den Ästen und allem Hellen und Guten, das mit dem Frühling in das Land kam. Es lag da, ein noch unwissendes Häuflein Leben, mitten in den Windeln, strampelte mit den Beinchen und fing manchmal, wie von innen erhellt, leicht zu lächeln an.

Dieses scheinbar glückliche Wesen des Kindes wirkte eindringlicher und bisweilen um so eigentümlicher, als die junge Mutter infolge der Geburt von einer schweren und langen Krankheit heimgesucht wurde. Als ich in den Sommerferien wieder in meine Heimat kam, hörte ich, daß die Frau des Wendelin noch immer zu Bett liege und man eine schlechte Hoffnung auf Besserung habe. Ich war von dieser Nachricht recht unangenehm berührt; nicht bloß, weil ich dem Wen-

delin und seiner Familie ein sorgenloseres Dasein gewünscht hätte, sondern weil ich es auch nicht wahrhaben wollte, daß jene bösen Mäuler, die kein Glück prophezeit hatten, nun gar irgendwie recht behalten sollten.
Eines Tages verließ ich den Ort und begab mich, über die Holzbrücke, in das freie Tal hinaus, wo sich an den Ufern des Flusses die Wiesen hindehnten. Ein schmaler Weg führte mich zwischen alten Holzgeländern immer weiter in die sommerliche Stille hinein. Bachnelken blühten und sahen wie Blutstropfen aus, die Dolden des Kümmels und allerlei Schaumkraut schienen alles überwuchern zu wollen, so daß der rosa Klee, die gelbe Arnika, die blaue Glockenblume, all jene zarten, farbigen Blüten gerade zu tun hatten, um ihre Kelche mit goldener Sonne zu füllen. Während ich so die überschäumten Wiesen betrachtete und manchmal einer Biene oder einem Schmetterling nachsah, bemerkte ich in der Ferne plötzlich eine Kuh, die von einem Mann am Strick geführt wurde, um sie am Rande einer Wiese zu weiden. Da ich wußte, daß jene Wiese dem Schreiner Wendelin gehörte, hatte ich auch schon keinen Zweifel mehr, wer die Kuh am Stricke führte. Wendelin sah mir entgegen, und es fiel mir auf, als ich in seine Nähe kam, daß er noch dürrer und deshalb noch länger erschien,

als er es schon immer gewesen war. Das Zäpfchen an seinem Halse sprang ruckhaft auf und ab, als er mich begrüßte, die Nase trat scharf aus dem mageren Gesicht, und die roten Haare schienen etwas verweht zu sein.

Während er mir zugewandt blieb und mit mir zu sprechen begann, zog die Kuh am Strick, so daß dieser auffallend gestrafft war. Unwillkürlich gab Wendelin nach, und so fraß die Kuh an einer neuen Stelle weiter. Erst jetzt kam ich dazu, das Tier näher zu betrachten. Es war eine dunkelbraune, fast schwarze Kuh, der plumpe, riesige Leib ruhte wie ein unersättliches Faß auf den knochigen Beinen, der Schwanz schlug gleich einer Peitsche nach den Fliegen, während das Maul ohne Unterlaß zur Erde geneigt blieb und Büschel um Büschel wegriß. Die Augen glotzten und zeigten manchmal etwas Weißes; die beiden krummen und spitzigen Hörner ragten drohend in die Luft. Obgleich das Tier eine Kuh war wie alle anderen, so machte sie doch auf mich einen merkwürdigen Eindruck, da ich von der Heimsuchung Wendelins wußte und es mir vorkam, als führte Wendelin noch etwas anderes als diese unaufhörlich fressende Kuh am Strick.

Ich wollte das Gespräch aber gar nicht auf seinen Kummer und seine Sorgen lenken und schon über die Schönheit des blauen, goldenen Sommers zu sprechen anfangen, als Wendelin selbst das Gespräch auf seine kranke Frau brachte. »Weißt du«, sagte er, »mir gefällt jetzt gar nichts mehr. Damals sah alles so schön aus, als du mir die angemalte Figur in die Nische stelltest, auch das Kindlein ist gekommen, wie ich es mir gewünscht habe, aber es ist auch etwas gekommen, was ich mir nicht wünschte. Zwar versieht meine Mutter noch den Haushalt, so gut sie kann, und ich treibe, wie du siehst, die Kuh selbst auf die Weide, aber was ist alles, und wie soll ich mich je wieder freuen, wenn die Frau immer kränker wird.« Er schaute vor sich hin, auf das Maul der weidenden Kuh, und da der Strick wieder auffallend gestrafft war, gab Wendelin nach und ließ das Tier weiterrücken. »Nichts ist es mehr«, fuhr er fort, »man möchte verzweifeln, wenn die Welt ein solches Gesicht hat.«

Die Schönheit des Sommertages schien vor meinen Augen wie von Schleiern überzogen zu werden; als wäre der Himmel nicht mehr so blau, das Gras nicht mehr so grün, die Blumen nicht mehr so bunt, und als wäre der ganze Wiesenboden doch nur dazu da, um abgefressen zu werden, so ähnlich kam es mir selbst vor. Ich sah einem Schwalbenpaar zu, das die jähesten Zickzacklinien beschrieb und die seltsamsten Figuren in die Himmelsfläche zeichnete.

So war ich, nachdem ich weitergegangen war, selbst in die bedrückendsten Gedanken verwikkelt, ich sah, wenn auch im Leben eines andern, dieselbe Welt, die so lockend und schön erschien, recht anders geworden. Es machte mir diese Verwandlung viel zu schaffen, da ich doch gerne eine Erfüllung gesehen hätte. Wenn einem so etwas Ähnliches einmal selbst begegnen sollte, dachte ich, wofür hätte man sich dann gesehnt, warum gehofft und gestrebt!

Ich sehe noch heute den Gang vor mir, den ich, immerwährend in Gedanken verstrickt, durch das Tal machte. Ich hatte den gewöhnlichen Weg verlassen, als müßte ich einen andern, einen besonderen finden, und ging so am Ufer des Flusses entlang, wo sonst nur die Fischer gehen und auf ihr Glück warten. Es war ein schmaler Grasweg, der unter dem Gestrüpp der Erlen und Weiden dahin und manchmal bis an den Abgrund eines Tümpels führte. Er hatte ebensoviele Krümmungen wie der Fluß selbst, und man sah davon bisweilen nur ein kurzes Stück. Durch die Zweige der Bäume betrachtete ich die Wasser des Flusses, die bald eilig und hell dahintrieben, bald zu dunkler Schwere erstarrt, fast reglos dastanden. Die schwarzen Wasservögel, die von der Oberfläche des Tümpels zum Grund tauchten, stimmten mich nach allem Erlebten nur um so nachdenklicher. Aber plötzlich sah ich dann wieder etwas ganz anderes; etwas Buntes, Leuchtendes, bewegt wie das Leben selber. Es waren Eisvögel, die hier hausten, und mein Herz schien bisweilen vor Spannung den Schlag aussetzen zu wollen, wenn ich mich in ihre Nähe schlich, um sie ganz genau zu betrachten. Grün und rot und blau waren sie, wie von allen schönen Farben der Erde betupft. Wie gerne hätte ich so ein buntes Geschöpf in Händen gehalten, es dem langen Wendelin gezeigt und gesagt: »Schau, wenn so etwas im Tal umherfliegt, müssen doch anderswo auf der Welt auch wieder die bunten Federn wachsen.«

Er freilich hätte es jetzt nicht geglaubt. Aber ich dachte immer wieder an diese bunten Vögel über den dunklen Wassern, und als ich nach einem Jahr abermals in die Sommerferien kam, wollte ich gleich am ersten Tag in das Tal gehen, um zu sehen, ob auch heuer wieder die bunten Vögel über den Fluß fliegen. Da begegnete mir auf der Straße der lange Wendelin. Er hatte eine Säge unter dem Arm, unter dem andern einen Hobel und ein Beil, und es war offensichtlich, daß er gerade von der Arbeit kam. Als er mich sah, lachte er, er lachte so laut, daß ich den Wendelin kaum zu erkennen glaubte; sein schmales Gesicht war voller geworden, auch seine ganze Gestalt hatte das

übermäßig Hagere und Knochige verloren. »Du siehst ja ganz anders aus«, sagte ich, »als hättest du eine Kur mitgemacht.« »Mir geht es jetzt auch wieder gut«, erwiderte er, noch immer fröhlichen Gesichts, und als ich ihn nach Frau und Kind fragte, sagte er: »Die Frau hat eben die Kuh auf die Weide geführt, sie ist wieder gesund, und ich kann jetzt meiner Arbeit nachgehen; und das Kind, das Kind, sag ich dir, das wächst, daß ich jeden Tag einen neuen Strich an die Mauer machen muß. Ja, ja«, fuhr er fort, »du brauchst gar nicht zu glauben, daß ich übertreibe, komme nur selbst einmal und schaue es dir an.«
Unwillkürlich dachte ich an die bunten Vögel über dem Fluß und wollte schon beginnen, dem Wendelin davon zu erzählen. Jetzt würde er es ja wohl glauben, daß in der Welt die bunten Federn doch immer wieder nachwachsen. Aber ich kam gar nicht dazu, mit Wendelin darüber zu sprechen; denn er hatte es eilig und strebte seinem Hause zu.
Ich sah ihm lange nach, wie er geschäftig und voll Lebenslust zwischen den alten, giebeligen Häusern dahineilte, als hätte er nie etwas Schlimmes mitgemacht.
Als ich am selben Tag, nachdem ich im Tal gewesen war und nach den bunten, durch das Ufergrün fliegenden Vögeln gesehen hatte, dem Hau-

se Wendelins zuging, stellte ich mir vor, wie wohl die junge Frau jetzt aussehen werde. Ob man die Spuren ihrer Krankheit noch recht merken, ob sie vielleicht gar noch scheuer sein als zuvor und sich überhaupt nicht blicken lassen werde? Wie verwundert aber war ich, als dieselbe Frau ruhig und still auf einer Bank vor dem Hause saß, ihr Kindlein auf dem Arm hielt und nicht die leiseste Miene machte, den Platz zu verlassen. Etwas Gefestigtes schien in ihr zu sein, als wäre sie durch das Leid erst reif geworden. Sie hielt mir, als ich näher kam, ihr Kindlein entgegen und lächelte. Zum erstenmal sah ich dabei ihre Augen. Sie waren blau und rein.

Ehe ich die Dasitzende noch recht begrüßen konnte, trat Wendelin aus dem Haus und sagte zu seiner Frau: »Sieh, da ist er ja, der die Statue da oben gar so bunt angestrichen hat; wie schwarz die war und wie sie jetzt aussieht!« Ich schaute gleichfalls zu der bemalten Figur empor und sah darüber den Himmel wolkenlos blau, als wäre das Blau der Augen, das ich kurz zuvor gesehen hatte, darin aufgegangen. Die Schwalben wiegten sich in runden, weichen Bögen, die Fenster der Häuser glänzten im Licht der Sonne, und ein tiefer Friede erfüllte die abendliche Straße.

Die Werbung

Am selben Fluß, von dem ich vorhin erzählte, lag ein alter Gutshof. Wolfgang Schlehr, der einzige Sohn, war damals in das Alter gekommen, in dem er das elterliche Besitztum übernehmen sollte. Eines Morgens, als noch die silberne Kühle durch das Tal wehte und die Strahlen der Sonne aus den Tautropfen wie aus zauberischen Verstecken hüpften, trat er aus der Haustüre, um zu sehen, ob der Knecht die Pferde schon abgefüttert, eingeschirrt und sie vor die am Hause wartende Kutsche gespannt habe. Die Bläue des Himmels verdichtete sich zusehends, das Grün der Bäume strahlte immer stärker, während sich die ruhelos steigenden Lerchen, die schwingenden Schwalben und die flatternden Stare nicht genug tun konnten, Tal und Himmel mit klingender Freude zu erfüllen.

Wolfgang, der in der Nähe der Kutsche stehengeblieben war und nach allen Richtungen um sich hersah, als wollte er den schönen Tag in seiner ganzen Weite und Süße ausmessen, lächelte, sichtlich von Freude erfüllt, als sich das Licht der

Sonne wie ein funkelnder Reiter auf die Pferde setzte und die Deichselketten unter der Hand des Knechtes silbern erglänzten. Was für ein besseres Omen hätte es für Wolfgang geben können als diesen ungetrübten Anbruch des Tages, an dem er ausfahren wollte, um jenes Mädchen zu treffen, das nicht bloß er selbst als ein begehrenswertes, holdseliges Geschöpf kannte, sondern das ihm auch von seiner Mutter sowohl als von gar manchen Verwandten und Bekannten als zukünftige Herrin auf dem Gutshof ganz besonders empfohlen und gerühmt worden war.
So fuhr er denn, die Zügel froh in der Hand, lachend aus dem Hof, um auf dem weißen Talweg, am Fluß entlang, nach vielen kleinen Windungen, allmählich auf die Hauptstraße zu stoßen, die vom Tal aus, über die Höhen empor, stundenweit zu jener kleinen, benachbarten Stadt führte, wo die Ausersehene als die einzige Tochter eines begüterten Brauereibesitzers ihre Mädchenjahre verlebte. Je mehr Wolfgang in das Hochland hinaufkam, wo sich zwischen goldenen Feldern ein Hügel sonnenverklärt über den andern erhob und es aussah, als wollte jeder Waldrücken dem Himmel am nächsten sein, schien ihm die Welt immer weiter und schöner zu werden, immer freier und wohltuender ging sein Atem.

Wenn er jenes Mädchen zur Frau gewinnen könnte! Schön, tüchtig, aus angesehener Familie, und begütert wie wenige in der ganzen Gegend; bei dem Gedanken, daß die Eltern des Mädchens gerade ihn als Schwiegersohn ausersehen hatten, kam es ihm vor, als fiele heute das große Glück mitten aus dem blauen Himmel zu ihm herab und setze sich zu ihm auf den Wagen. Wie gut er doch zu seinen Pferden war, wenn sie einmal den Trab hemmten im steigenden Lauf, wie freundlich er die Leute grüßte, die ihm begegneten; einem Schmetterling, der eine Weile vor ihm herflog, rief er menschliche Worte zu, als ob ihn heute sogar die Kreatur verstehen könnte.

Das Glück mußte sich wirklich zu ihm auf den Wagen gesetzt haben, so wie vorne das Licht der Sonne auf die Pferde, weil der Tag gar so klar und rein geworden war; man konnte stundenweit sehen und schon jetzt das noch ferne, hochgelegene Städtchen, ja sogar den Giebel der alten Brauerei erkennen, wo die Ersehnte jetzt wohl ihrem Geschäft im Hause nachging. Vielleicht ging sie aber auch gerade im Schein der Sonne im Garten oder auf der Straße dahin; wie deutlich er sie vor sich zu sehen glaubte, ihre schlanke, hohe Gestalt, das feine, offene Gesicht, die hellen Haare, die leuchtenden Augen, sogar ihre Stimme glaubte er zu hören und trieb, wie aus einem kurzen Traum erwacht, die Pferde an, als könnte er es nun gar nicht mehr erwarten, die Ersehnte wirklich und leibhaftig vor sich zu sehen.

Indessen wurde von den Eltern des Mädchens bereits alles für die Ankunft des ausersehenen Schwiegersohnes vorbereitet. Droben im ersten Stock wurde das schönste Fremdenzimmer für ihn hergerichtet, während man in dem neben der Gaststube liegenden Nebenzimmer für den Mittag decken ließ. Die Fenster der hohen, gewölbten Gasträume standen offen, mit der warmen Luft kam von draußen dann und wann eine Biene oder eine surrende Hummel herein, um so schnell wie möglich wieder in das Freie zu trachten.

Dieselbe Unruhe, die in dieser geflügelten, zwischen Licht und Schatten herumirrenden Kreatur lebendig war, schien heute auch Therese, die ausersehene Braut, zu erfüllen. Sie war zwar in letzter Zeit schon immer recht seltsam gewesen und hatte manchmal ein verlorenes, ja geradezu ein verstörtes Wesen gezeigt. Die Eltern wußten natürlich davon, daß Karl Eder, ein junger Forstgehilfe, öfter als Gast in der Brauerei erschien, als man es liebhatte. Auch war es kein Geheimnis geblieben, daß Therese den alltäglichen Gast lieber sah als alle anderen Gäste. Nun wollten aber die Eltern von dieser Liebe nichts wissen und den jungen Forstgehilfen niemals als Mann ihrer einzigen Tochter anerkennen. Da sie nun glaubten, dem heimlichen Liebesspiel am besten durch die Ankunft eines ernsthaften Werbers ein Ende setzen zu können, zeigten sie heute, im Gegensatz zu Therese, ein besonders aufgeräumtes Wesen, als sollte ihre eigene Freude auch auf ihre Tochter übergreifen und dazu mithelfen, alles heimlich Verborgene leichter vergessen zu lassen. Doch Therese schien auf ihre Eltern gar nicht zu hören, so tief war ihr Ohr und ihr ganzes Wesen von einem andern Laut erfüllt. Trotzdem hörte sie es ganz genau, als die Mutter davon sprach, sie möchte doch einen Blumenstrauß aus dem Garten holen und ihn auf den gedeckten Tisch stellen; eilends lief sie aus dem Haus; doch lief sie nicht, wie die Mutter gemeint hatte, in den Garten, der sich hinter der Brauerei anschloß und sich bis an den Talhang dehnte, sondern sie benützte die Gelegenheit, um heimlich zu ihrem Geliebten zu kommen.

Sie traf ihn, als hätte er auf dem Heimweg aus dem Wald auf sie gewartet, hinter der Gartenmauer, wo ein schmaler Steig in das Tal hinabführte. Nachdem sich beide mit einem gegenseitigen Blick alles verraten hatten, was sie sich in stundenlangen Gesprächen nicht deutlicher hätten sagen können, schauten sie, von einem

schweren Schweigen erfüllt, hinab in das Tal. Der Fluß glänzte und silberte zwar wie immer, aber rings um sie bildete sich eine solche Hitze und Schwüle, daß sie wie von einer lastenden Luft geradezu bedrückt wurden. Wie hätte es in diesen Minuten auch anders sein können, da sich vor ihnen eine Kluft auftat, unvergleichlich tiefer als dieses anmutige Tal, eine Kluft, die abgründig und dunkel war, als führte sie zu bodenlosen Tiefen, wo alles versinkt. Schon seit mehr als einer Woche hatte Therese nämlich bemerkt, daß ihre Liebe nicht ohne Folgen geblieben war; nun aber kam heute, da sie von ihrem Kind wußte, der von den Eltern erwünschte Werber, um sie so bald wie möglich in sein Haus heimzuführen. Therese hielt sich an den Hals des Geliebten geklammert, wie um sich vor einem gewaltigen Sturz zu schützen, während Karl Eder seinen Arm um ihre Hüfte schlang, als wollte er sie niemals von sich lassen. Wie aber sollte man dies alles klären und lösen, wie sollte dies alles weitergehen, zumal der Mittag, an dem man den Werber erwartete, schon ganz nahe war.
Die Sonne brütete wie eine goldene Glucke über dem Haus, vor den Fenstern flimmerte, in jähe Unruhe geraten, die sommerliche Luft, und die Grillen im Garten wetzten wie an hundert unsichtbaren Messern, als man sich drinnen im Ne-

benzimmer, zu Ehren des angekommenen Gastes, zu Tisch setzte. Wie es vorgesehen war, hatte Wolfgang, der von der Glut des Tages ganz erhitzt war und einen ungemein frischen und freundlichen Eindruck machte, neben Therese Platz genommen; obgleich diese sich bemühte, zu lächeln und, wie es sich gehörte, dem Gast gegenüber freundlich zu sein, konnte sie doch die Gezwungenheit ihres Wesens nicht verbergen. Es lag sichtbar etwas Lähmendes über ihr, und wenn sie auch der Schwüle des Mittags die Schuld gab und sich manchmal mit dem Taschentuch über das Gesicht wischte, so fiel es doch auf, daß ihre Stimme einen fast schall-losen Ton hatte. Ihr Vater, sonst ein Mann von geradem Wesen, suchte ebenso wie die gastfreundliche Mutter den angekommenen Werber über diese Stimmung hinwegzutäuschen, indem sie zunächst von scheinbar gleichgültigen und alltäglichen Dingen sprachen: wie es Wolfgangs Eltern gehe, wie das Gut floriere und ob alles gesund und wohlauf sei.

Doch als Wolfgang, durch die Freundlichkeit der Eltern in seinem Vorsatz bestärkt und ermutigt, sich schließlich immer mehr an Therese wandte, um ihr immer deutlicher zu zeigen, wie sehr er nur ihretwegen hierhergekommen sei, da schien die Hitze des Tages gewitterschwül zu werden.

Therese bekam nämlich bei jedem Wort, das ihrer Jugend und Schönheit oder gar ihrer Zukunft galt, einen fast roten Kopf, ihre Augen verbargen sich immer mehr hinter den Lidern und manchmal war es deutlich zu sehen, wie Gabel und Messer in ihren Händen leicht zu zittern anfingen.

Wolfgang, der dies alles nur als harmlose, mädchenhafte Scheu deutete, schien gerade an diesem Wesen sehr Gefallen zu finden; er sagte, zu ihr hingezogen, mit einem fast spaßhaften Ton: »Du wirst dich doch nicht fürchten vor mir? Oder bin ich so sehr zu fürchten?« Doch als sie darauf noch verlegener wurde und immer wieder aus ihrem Glas zu trinken suchte, als müßte sie alles, was in ihr an Gedanken und Vorstellungen aufstand, gewaltsam hinunterschwemmen, suchte Wolfgang sie an der Hand zu fassen und sie wie in einem deutlichen Vertrautsein etwas an sich zu ziehen.

Aber da geschah es, daß ihr das Glas aus der Hand fiel und der ganze Inhalt sich über ihr Kleid ergoß. Erschrocken sprang sie auf und lief, ehe Wolfgang ihr zu Hilfe kommen konnte, vom Tisch weg, aus dem Zimmer, scheinbar, um das Kleid draußen in der Küche zu reinigen. So natürlich und selbstverständlich das schien, so war doch zwischen den zurückgebliebenen Eltern und Wolfgang ein eigenartiges Schweigen eingetreten. Denn sie hatten es alle drei deutlich bemerkt, wie Therese das Glas mit einer gewissen Absicht hatte fallen lassen, um vom Tisch aufstehen zu können und hinauszukommen. Was sollte man dazu sagen? Die unangenehme Stimmung war zu spürbar, als daß man sie durch Worte auch noch hätte bestärken wollen.

Je länger man nun auf Therese wartete, desto peinlicher wurde es, daß sie immer noch nicht zurückkam, ja nicht einmal ihre Stimme von der Küche her vernehmen ließ. Da stand schließlich die Mutter auf und ging hinaus. Aber da auch sie nicht zurückkam, war Theresens gewaltsamer Weggang immer unverhohlener; der Vater, von einer inneren Wut über die Tochter erfüllt, stand gleichfalls vom Tisch auf und fing an, nachdem er gehört hatte, daß Therese im ganzen Haus nirgends zu finden sei, draußen in der Küche einen lauten, hemmungslosen Krach zu schlagen. Wie das für Wolfgang, der allein in der Stille des Zimmers zurückgeblieben war, klang, kann sich jedermann vorstellen; ihm war es ungefähr zumute, als wäre in diesem gewölbten Hause plötzlich alles hohl geworden und die Mauern könnten über ihm zusammenstürzen.

Ehe der Vater des Mädchens wieder zurückkehrte, verließ Wolfgang, um der peinlichen Stim-

mung auszuweichen, nun ebenfalls das Zimmer und begab sich durch den Hausgang hinaus in das Freie, wo die Sonne noch immer gleich hell über dem Land stand. Ihr Schein wirkte, gerade nach diesem unglücklichen Mahl, wie eine Fülle goldener Arme, die ihm um den Hals fielen. Doch so tröstlich Wolfgang das Licht von außen her auch zu spüren glaubte, in seinem Innern verblieb ein bedrückender Rest von all dem, was er gesehen und gehört hatte; so ging er in dunkler, drohender Ahnung um das Anwesen herum, kam an die alte Gartenmauer und sah plötzlich den Steig, der zu Tal führte.
Wie um sich eine kleine Weile zu ergehen und sich alles anzusehen, stieg er immer tiefer hinab und stand bald an den Ufern des Flusses, der sich, zwischen zahlreichen Erlen dahin, durch die Wiesen wand. Es war sehr einsam hier, man hörte nichts als das Rauschen der Wellen und dann und wann das Flattern wilder Vögel. Wolfgang blickte bald den Fluß entlang, wo die Wasser unaufhaltbar dahintrieben, bald über die menschenleeren Wiesen dahin, um von hier den Blick nach oben zu heben, gegen das auf der Höhe gelegene Städtchen, wo seine Kutsche stand.
Wie zu einem Fest war Wolfgang heute ausgefahren, und nun strich er vereinsamt in den fast weg-

losen Gründen des Tales umher. Dabei dachte er immer nur an Therese; er konnte sich, soviel er auch darüber nachdachte, doch nicht erklären, warum seine Ankunft das Mädchen in eine solche Unruhe versetzt habe. Er kannte Therese doch schon seit längerer Zeit, und immer war sie freundlich und herzlich zu ihm gewesen. Was mußte also in ihrem Innern vor sich gegangen, was mußte sich in ihr alles geändert haben!

Während er so immer an sie dachte und dabei am Fluß entlang ging, bemerkte er, wenn auch noch in ziemlicher Entfernung, hinter dichtem Buschwerk eine verborgene Gestalt. Schon der erste Blick sagte ihm, daß dies niemand anders sei als Therese. Sie stand ganz nahe am Ufer und hatte den Arm um einen Erlenstamm geschlungen. Fast sah es aus, als ob sie etwas liebend umfassen wollte; doch hielt sie den Stamm wohl deshalb umschlungen, um sich beim Blick auf das Wasser festzuhalten. Wolfgang trat lautlos hinter einen Erlenbusch und blieb stehen, um von Therese nicht gesehen und gehört zu werden. Durch das Gezweig, das er vorsichtig auseinanderbog, so wie ich es damals am Fluß getan hatte, betrachtete er die Einsame, die also wirklich von droben geflohen war und sich hier offenbar verstecken wollte. Sie schien ganz regungslos dazustehen und blickte nur immer in die Tiefe des Wassers.

Was die Einsame bewegte, konnte Wolfgang nicht erraten. Nein, er konnte sich, obgleich er natürlich auf etwas Geheimnisvolles in ihr schloß, doch nicht denken, was Therese wirklich bewegte. Es waren Gedanken und Vorsätze, die nicht in diesen hellen, blauen Tag paßten. Therese überlegte, wie unmöglich es sei, ihren Geliebten zu verlassen und dem andern gar ein Kind mit in die Ehe zu bringen, das nicht sein Kind sei. Auch war es nicht zu denken, daß der wirkliche Vater es je zulassen würde, sein Kind als das Kind eines anderen aufwachsen zu sehen. Soviel Therese auch dachte und sann, sie fand keinen Ausweg; so aber machte sich der Gedanke immer mehr breit in ihr, es sei das Beste, überhaupt nichts mehr von allem zu wissen, statt dem Unglück und der unabwendbaren Schande entgegenzugehen.

Wolfgang, der das Mädchen durch den Erlenbusch hindurch noch immer unverwandt betrachtete, erschrak plötzlich, als er sah, wie Therese den Arm vom Baumstamm löste und sich, während sie wie in einem schweren Traum hin und her schwankte, immer mehr dem Abgrund zuneigte. Es sah aus, als wollte sie sich, völlig haltlos geworden, in den Fluß fallen lassen. Kaum hatte Wolfgang dies recht bemerkt, da hörte er auch schon ein Aufklatschen im Wasser, so daß er, furchtbar erschrocken, aus seinem Versteck hervorsprang und der Stelle des Flusses zulief, wo Therese auf den Fluten dahintrieb. Im nächsten Augenblick sprang er bereits in die Flut und schwamm der Unglücklichen nach, bis er sie erfassen und wieder an das Ufer bringen konnte. Als Therese, die sich ganz allein, fern von allen Menschen geglaubt hatte, ihren Retter erkannte, schlug sie die Augen nieder, sank in sich zusammen und fing erschüttert zu weinen an.

Wolfgang ahnte, ja, er wußte nun genau, daß nichts anderes als seine heutige Ankunft es gewesen sein müsse, die diese furchtbaren Vorsätze in ihr ausgelöst habe. Dabei war er sich natürlich keiner Schuld bewußt, und so blieb alle Ursache nach wie vor in einem tiefen Geheimnis verhaftet, das er aber am allerwenigsten gerade in dieser Stunde enthüllen wollte. Es war für ihn schon bitter genug, was er heute, bei seiner Ausfahrt in den scheinbar wolkenlosen Sommer, alles gesehen und erlebt hatte. Der blaue Himmel wirkte fast unheimlich. Es war ein Gewitter da, ohne daß man eine Wolke sehen konnte. Wie um dieses Wetter abzuwenden, sagte Wolfgang zu Therese: »Sei mir nicht böse, daß ich gekommen bin. Ich wollte nur in den blauen Sommer fahren.«

Offenbar hatte Therese diese Worte ebenso verstanden, wie sie von ihm gemeint waren; denn sie richtete sich nun wieder auf und blickte ihn eine Weile sogar fest an. Dann faßte sie sein Gesicht plötzlich zwischen ihre beiden Hände und küßte ihn auf die Stirn.

Freilich rettete Wolfgang das Mädchen erst vollends dadurch, daß er nach seiner Rückkehr in das Städtchen den Eltern Theresens auseinandersetzte, in was für einer inneren Not sich ihr Kind befinden müsse und wie nötig es sei, Therese mit der größten Vorsicht und Schonung zu umgeben. Als er dabei durch die Eltern von der heimlichen Liebe Theresens erfuhr, ließ er sich keineswegs abhalten, sich auch weiterhin fürsorglich für das Mädchen einzusetzen. Es gelang ihm auch, den Vater, der trotz all der traurigen Vorkommnisse noch immer nicht nachgeben wollte, endlich davon zu überzeugen, daß von allem auf der Welt die Liebe am wenigsten eine Fessel dulde.

Gegen Abend fuhr Wolfgang aus dem Hof, durch das Städtchen, den Berg hinunter. Drunten, wo die Straße weiterführte, über das Hochland dahin, zurück in sein stilles Tal, ließ er die Pferde halten, stieg nochmal vom Wagen und sah auf den hohen Giebel des alten Brauhauses zurück. Wie hell war ihm dieses Bild heute morgen schon aus aller Ferne erschienen. Auch jetzt glänzten noch die Fenster, sie schienen fast noch eindringlicher zu leuchten als am Morgen. Wenn

Wolfgang auch als Werber gekommen war und seine Fahrt gerade das Gegenteil von dem gezeitigt hatte, was er wollte, so war er doch im Innersten froh, als Freund scheiden zu können.
Er freilich hatte nicht wenig verloren, doch ließ er es niemand merken, nicht einmal sich selbst. Er neigte sich zwar, wie von einer heimlichen Wehmut befallen, gegen den Straßenrand, wo eine Menge weißer Margueriten blühte, brach eine davon ab und fing an, wie in Gedanken verloren, rings um die goldene Mitte herum Blatt um Blatt abzurupfen. Ein leichter Windstoß, der aus dem Schatten des Abends erwachte, nahm die zarten Blätter mit sich und verwehte sie irgendwo. Regungslos sah ihnen Wolfgang nach; doch während er bald den leeren Stengel in der Hand hielt, dachte er, aufrecht und gefaßt, an den unsichtbaren Wind, der eben kommt und geht und den niemand aufzuhalten vermag.

Das Glück im Turm

Es war an einem wolkenlosen Tag. Ich saß vor dem Haus und schaute in das Tal hinaus. Auf den blühenden Wiesen, die sich bis an den Fuß der Berge ausdehnten, ruhte der fast reglose Glanz des Sommers. Nur Bienen und Schmetterlinge bewegten sich darüber, dann und wann trat, aus den kühlen Wäldern kommend, ein stilles Reh in die weiten Rasenflächen. Verklärt standen die Berge da, als wollten sie das Tal einfrieden mit ihrem Licht. Der Fluß wand sich funkelnd dahin, über allem flogen die Vögel und sangen. Ich schaute bald zum Himmel empor, bald über die Erde dahin; die Welt schien schön wie am ersten Tage der Schöpfung zu sein; als könnte es gar nichts anderes geben als Licht und Freude, als Friede und Glück, so ähnlich war mir zumute.

Mein Freund, der um manche Jahre älter war als ich, saß reglos neben mir und betrachtete gleichfalls den schönen Sommertag. Ich sah, wie er, von all dem Licht und all der Stille berührt, leicht zu lächeln anfing. Freilich, es war ein merkwürdiges Lächeln, hinter dem noch etwas anderes zu stehen schien als das bloße Anschauen der schönen Welt; etwas Wissendes schien es zu sein; ich sah, wie das Lächeln in seinem Gesicht erlosch und wie er anfing, den Kopf zu schütteln. »So herrlich, so friedlich scheint die Welt«, sagte er, »daß man es wirklich nicht glauben möchte, wie sehr dieselbe Welt auch ein anderes Gesicht haben kann. Als ruhte alles in ihr, so kommt es mir vor, und als wäre es manchmal in uns, das Licht ebenso zu bewahren wie den Schatten zu wekken. Nie werde ich den Sommertag vergessen, der ebenso rein und schön vor mir lag wie dieser, und der es mir besonders eindringlich zeigte, wie doppelgesichtig die Welt ist.«

Mein Freund schwieg eine Weile und schaute wieder reglos in das friedliche Tal. Wir hörten beide, wie eine Grille unter dem blühenden Gras der Wiesen zu wispern anfing. Der sonst so friedliche und beglückende Ton, aus dem unsichtbaren Dunkel der Erde heraufkommend, mutete uns beiden in eben diesem Augenblick fast sonderbar an. Wie ein geheimnisvolles, mitten unter dem Scheitel der Sonne fast unheimliches Wetzen kam uns dieser Grillenton vor.

»Das ist die andere Stimme«, sagte mein Freund. »Sie klingt scheinbar schön und silbern wie die der Vögel; aber sie kommt nicht von oben, wo

das Licht wohnt. Wer jedoch hörte nicht einmal auf diese Stimme? Wen, der vom Leben erfüllt, zum Lebendigen will, lockte sie nicht in ihren Kreis?«

Ich merkte, wie mein Freund an ein bestimmtes Erlebnis dachte, das gerade heute, inmitten dieses schönen Tages, seine Erinnerung besonders beschäftigte.

»Du weißt«, fuhr er nach einer Weile fort, »daß ich als junger Referendar am Amtsgericht zu Schrottstadt tätig war. Ich habe dir schon oft erzählt, was für eine schöne kleine Stadt das ist. Schade, daß du sie noch nie gesehen hast. Du solltest einmal dorthin fahren und dich einige Tage aufhalten, um all den Zauber dieses Städtchens zu genießen: die alten Gassen, die hochstrebenden Giebel, die lichten Plätze mit den öffentlichen Gebäuden und den stattlichen Bürgerhäusern, die kühlen Kirchen mit ihren gotischen Pfeilern, die verträumten Winkel, in denen sich lautlose Katzen in der Sonne wärmen, plätschernde Brunnen inmitten der Häuser, blühende Geranien und Fuchsien an den Fenstern, eine Mittagsstille in den sommerlichen Gassen, daß man glaubt, den Flug eines verirrten Schmetterlings zu hören, und geradezu erschrickt, wenn da oder dort die Glocke einer Ladentür ertönt.

Ich jedenfalls war ganz benommen von dem Zauber dieser Stadt, und so kam es wohl auch, daß mir nie zuvor ein Mädchen so schön und begehrenswert erschien wie die Tochter eines reichen Geschäftsmannes, dessen wohlgepflegtes und ansehnliches Haus am schönsten Platz in der Stadt stand. Ich hatte Regine schon am Tage meiner Ankunft durch die Hauptstraße gehen sehen, wo sie in der dort liegenden Konditorei einkaufte; es war mir aufgefallen, wie ruhig und verhalten dieses Mädchen dahinging, keinen Blick nach der Seite wandte und ganz in sich beschlossen schien. Ob sie nun in Gedanken beschäftigt oder ob dieses Wesen ihr überhaupt eigen war, wußte ich natürlich nicht zu ergründen; immer wieder sah ich ihre Gestalt und ihren Gang vor mir, und je mehr ich so an sie dachte, desto eindringlicher schien mich irgend etwas Geheimnisvolles anzulocken.

Wie es der glückliche Zufall wollte, lernte ich Regine sehr bald kennen. Um die Stadt herum, entlang an den noch völlig erhaltenen Mauern und Toren, läuft eine fast kreisförmige Allee. Die jahrhundertealten, überaus mächtigen Ahorn- und Lindenbäume besäumen links und rechts einen wohlgepflegten, nicht allzu breiten Weg, der sich auf dem ehemaligen Stadtwall dahinzieht. Zwischen den dicken, knorrigen Stämmen, deren Rinden da und dort von Zeit und Wetter zerrissen sind, öffnet sich ein weiter Blick in das teils ebene, teils hügelige Land. Wiesen und Felder erstrecken sich an den Ufern eines stillen, in sich ruhenden Flusses, Erlen und Weidenbäume zeichnen ihre abwechslungsreichen Formen in den unermeßlichen Himmel. Auf der nach innen gewandten Seite der Allee dagegen ist das Land recht schmal und begrenzt; denn zwischen dem Stadtwall und den Stadtmauern liegt nur das Land des ehemaligen Burggrabens. Heute ist dieses ziemlich tief liegende Stück an manchen Stellen in Gärten abgeteilt.

Eines Tages, bei einem Gang um die Allee, kam ich gerade an einen dieser Gärten, als vor einem über das weite Land einherziehenden Gewitter ein jäher Wind einsetzte. In den Ästen der uralten Alleebäume sauste und brauste es, als hätte eine gewaltige, dunkle Orgel zu spielen begonnen; alle Zweige und Blätter taumelten im Strom dieser Melodie, so daß ich unwillkürlich stehenblieb und horchte. Immer wieder setzte das urweltliche Donnern und Rauschen ein, und ich fühlte mich schon versucht, das Ohr an die Rinde eines Baumes zu legen, als gäbe es auf diese Weise noch geheimnisvollere Töne zu hören. Da sah ich, aus dem Garten herauf, etwas Weißes fliegen. Es war ein Taschentuch, das mit anderen Wäschestükken an einem Trockenseil gehangen und sich im

Winde gelöst hatte. Fast im selben Augenblick tat sich das dem Stadtwall zugewandte Gartentürchen auf und ein Mädchen kam daraus eilig hervor, um dem Tüchlein nachzujagen. Es bog eben, von unten heraufkommend, in die Allee ein, wo das Tüchlein sich schwankend hob und senkte, als ich in der Herankommenden Regine erkannte. Schneller als sie es dachte, hatte ich das fliegende Wäschestück erfaßt und gab es ihr. Der Sturm über uns in den Ästen und Zweigen war noch stärker als zuvor, und so konnte ich es kaum verstehen, was Regine, zum Danke für meine Bemühung, Freundliches zu mir sagte. Um so deutlicher sah ich, wie errötet sie war, als ich ihr das Tüchlein zurückgegeben hatte, und merkte, daß sie mich trotz ihres scheinbar abgewandten und in sich geschlossenen Wesens nicht erst heute zum erstenmal gesehen hatte. Ebenso eilig, wie sie gekommen war, entfernte sie sich wieder, um die Wäsche in jenes Gartenhäuschen zu bringen, das auf einem ehemaligen, eckigen Wehrturm der Stadtmauer entstanden war. Ich sah, wie Regine hastend, ohne sich umzusehen, über die Holztreppe emporlief, die an der Außenwand des Turmes angebracht war und zum oberen Gelaß des Turmes führte; mochte sie auch noch so rasch die Türe hinter sich schließen, ich hatte doch das Gefühl, als stände sie mit klopfendem

Herzen nun im Innern des Turmzimmers und spähte heimlich durch die grünen Fächer der geschlossenen Fensterläden, ob ich wohl noch dastehe und ihr nachsehe oder ob ich schon des Weges weitergegangen sei.

Von nun an ging ich jeden Tag um die Allee und spähte aufmerksam und neugierig nach dem seltsamen Gartenhäuschen. Wie schon gesagt: Es war aus einem ehemaligen Wehrturm entstanden. Der obere, ausgebaute Teil, zu dem die hölzerne Außentreppe hinaufführte, zeigte, sooft ich auch jetzt vorüberkam, stets geschlossene Läden. Nur die Spalten der Ladenfächer schienen bald weiter, bald enger zu sein. Das untere Gelaß hatte, im Gegensatz zum oberen, nur eine schmale, unmittelbar in den Garten führende Holztüre; offenbar waren dahinter die Gartengeräte untergebracht.

Es waren überaus schöne Tage, die jenem Gewittersturm gefolgt waren, und der Himmel blieb wolkenlos blau. Draußen im Land silberte der Fluß, die Luft über den Wiesen und Feldern zitterte manchmal, wie von süßer Lust erregt. Durch das grüngoldene Dach der Alleebäume fielen die Sonnenflecken auf den Weg, die kleinen weißen Kiesel glänzten. Dabei war eine Stille ringsum, in der man nichts hörte als das Summen der Bienen oder das Surren der Hummeln. Nur

ganz selten kam jemand des Weges und man hörte schon von weitem den Schritt. So stand ich wieder einmal inmitten der sommerlichen Stille und schaute von der Allee aus in den Garten hinab. Regine jedoch war nicht zu sehen. An der dunklen Färbung der Gartenbeete bemerkte ich, daß vor nicht allzulanger Zeit jemand hier gewesen sein und gegossen haben müsse. Ich blieb eine Weile und spähte nach den Fächern der Läden. Richtig, sie waren heute besonders weit geöffnet; jemand mußte sie so gestellt haben, um das Licht des Tages in das Innere einzulassen.
Ich setzte mich auf eine Bank, die in der Nähe stand, und behielt das Gartenhäuschen aufmerksam im Auge. Das in der Sonne liegende Mauerwerk blendete mich schon fast, als meine Beobachtung durch etwas unterbrochen wurde. Ich hatte, seit ich hier saß, bemerkt, daß über mir, in den Zweigen der Bäume, die Vögel schwirrten und bald von den Ästen herab auf den Weg, bald wieder zur Höhe flogen. Einer der Vögel, ein Rotkehlchen, kam bei diesen Flügen immer näher. Das kleine Tierchen trippelte in der Richtung gegen mich über den Kies des Weges und schien dann und wann einige Augenblicke lang nach mir auszusehen. So fing ich an, den Vogel zu locken, mit einer Stimme, die ihm recht vertraut schien; denn er kam, wenn er dazwischen auch immer

wieder in die Äste zurückflog, wirklich immer näher. Ich hielt ihm die Hand entgegen und merkte, daß er seine Scheu zusehends verlor. Wie es der Zufall wollte, fand ich einige Brotkrumen in der Tasche und streute sie auf den Weg. Der Vogel fing zu picken an und kam immer noch näher. Plötzlich, als er auf dem Wege nichts mehr fand, flog er mir auf die ausgestreckte Hand. Ja, so zahm war er und von den Spaziergängern wohl an diese Fütterung gewöhnt. Ich suchte, als er wieder kurz davonflog, seine Stimme abermals nachzuahmen, und so geschah es, daß er einmal längere Zeit auf meiner Hand sitzenblieb und mich ansah. Es war ein regloser, gegenseitiger Blick, der uns aneinanderzubinden schien; ich war innerlich so erregt wie der Vogel, dem das rote Kehlchen auf und ab ging, und hielt den Atem an.

Mitten in diesem Spiel, das mich der Kreatur und die Kreatur mir immer näher brachte, bemerkte ich, als ich wieder nach dem Gartenhäuschen blickte, daß ein Fensterladen aufgegangen war. Er stand nur halb auf, aber ich konnte doch sehen, wie Regine zu mir herüberschaute und das Spiel zwischen mir und dem Vogel beobachtete. Ich mußte mich bei dieser Entdeckung unwillkürlich bewegt haben, denn der Vogel flog davon, hinauf in die Äste. Bald aber kam von oben eine Stimme herab, so lieblich, so silbern, als sänge da gar kein gewöhnlicher Vogel mehr, sondern eine Stimme des Himmels, um Ohr und Herz zu beglücken. Ich wandte bald dem Vogel meinen Blick zu, bald dem lautlosen Mädchen, und so entstand, ohne daß sonst noch etwas geschah, eine Stimmung, in der es ganz natürlich und selbstverständlich war, daß ich mit dem Mädchen zu sprechen begann.

›So etwas Zutrauliches wie diesen Vogel‹, sagte ich, ›habe ich doch auch noch nicht gesehen.‹

Regine hatte noch immer den Blick in das Geäst gehoben; doch sprach sie noch immer kein Wort. Fast hatte ich den Eindruck, als hätte sie infolge der Entfernung, die mich von ihr trennte, meine Worte nicht recht verstanden. Deshalb trat ich von der Bank weg näher an den Garten. Es war so still, daß mein Schritt im Kies geradezu störend wirkte. Plötzlich flog der Vogel aus dem Geäst davon und wiegte sich in den Lüften. Zu gleicher Zeit sah ich, wie auch Regine, als sie meine Annäherung bemerkte, sich in das Innere des Häuschens zurückzog. Nur etwas Dunkles war noch hinter dem geöffneten Laden wahrzunehmen.

Da schien nun mein Glück eingeschlossen zu sein von den engen Mauern des Turms, und ich brachte es nicht mehr fertig, von der Stelle zu weichen, ohne mein Verlangen, in Reginens Nähe zu kommen, endlich befriedigt zu fühlen. Wie gebannt stand ich da, ebenso atemlos wie kurz vorher dem kleinen Vogel gegenüber, und innerlich ebenso süß erregt. Ich wartete eine Weile, ob Regine sich denn wirklich nicht mehr zeige, blickte bald vor mich hin, bald hinter mich, ob niemand des Weges komme, und lief, als nirgends ein Laut aufstand, wie von einer unhörbaren und doch so eindringlichen Stimme gerufen, über den Hang des Stadtwalls hinab, dem Gartentürchen zu. Unten angelangt, blieb ich nochmal stehen und blickte abermals horchend nach allen Seiten; dann trat ich, gleich eilig, wie ich über den Hang des Walls hinabgelaufen war, durch das Türchen in den Garten und begab mich von hier aus über die hölzerne Treppe empor, an die obere Türe des Turms. Das Herz stockte mir, als ich erkannte, daß die Türe verschlossen war. Ich stand da, ängstlich wie ein Dieb, von jemand, der gerade des Weges kommen konnte, gesehen zu werden, und eine peinliche Stimmung befiel mich. Ich wußte nicht, was ich tun sollte. Warten oder als ein Abgewiesener umkehren und davonschleichen? Ich glaube, mir stand der Schweiß auf der Stirn.

So empfand ich es wie eine jähe, kühle Labung, als mit einem Male die Tür aufging und ich in das

Innere des Turms eintrat. In dem herrschenden Dunkel, das nur von dem durch die Ladenfächer einfallenden Licht dämmerig erhellt wurde, glaubte ich das Mädchen zunächst wie einen Schatten zu sehen; ihr Körper und die im Innern des Raumes liegende Dämmerung schienen ineinander zu fließen. Nur mein Ohr hörte deutlich, was Regine leise sagte: ›Wenn das jemand gesehen hätte.‹ — ›Niemand als die Vögel‹, erwiderte ich, ›niemand sonst hat es gesehen.‹ Nach diesen Worten trat wieder eine auffallende Stille zwischen uns ein. Es wußte wohl keines recht, was es sprechen sollte.

Ich setzte mich, als hätte ich es nötig, von meinem abenteuerlichen Lauf etwas auszuruhen, auf eine jener Bänke, die sich an den Wänden hinzogen. In der Mitte bemerkte ich, nachdem sich meine Augen mehr und mehr an das Dämmerlicht gewöhnt hatten, einen Tisch und darauf eine alte, hochstielige Gartenlampe, an der mir der große, kugelförmige, um die weiße Kerze geschlossene Zylinder besonders auffiel. Ich glaubte sogar, leichte Lichtflecken auf der bauchigen Oberfläche des Glases zu sehen und merkte, als ich auch noch etliche Bilder an der Wand wahrgenommen hatte, wie nun auch die Gestalt Reginens vor meinen Augen deutlicher geworden war. Sie saß, in scheuer Zurückhaltung von mir entfernt, auf einer anderen Bank und schien mehr darauf zu horchen, ob nicht von außen her irgendein Schritt ertöne, als sie mich anzublicken schien. Da aber die Stille ungestört andauerte, trat ich auf sie zu und sagte: ›Sie dürfen es mir nicht übelnehmen. Ich konnte nicht anders. Ich mußte zu Ihnen hereinkommen.‹ Ich griff nach ihrer Hand und spürte, daß sie ebenso heiß war wie die meine. Auch glaubte ich den Schlag ihres Herzens zu hören, und von ihrem Gesicht, ja, von ihrem ganzen Körper ging eine Wärme aus wie draußen vom goldenen, glühenden Tag des Sommers.

So hatte sich abermals eine brauende Stille um uns gesammelt. Mitten in diese Stille hinein ertönte vom Garten her eine zitternde Stimme. Es war eine Grille laut geworden, und diese Stimme aus dem Grund der Erde herauf ertönte so verlockend, als hätte sich das Herz der Erde selbst aufgetan. Atemlos horchten wir beide den Tönen; ich hatte das Gefühl, als ginge das Zittern der Erde auf die Luft über, die um uns war, und von dieser auf uns selbst. So legte ich, wie an allen Sinnen bezaubert und ebenso zitternd wie die Stimme der Erde, den Arm um das Mädchen. Die heiße Luft des Sommertages schien nur noch mehr anzuwachsen. Ja, der Sommer war mir so nahe wie nie zuvor in meinem Leben. Als ich durch die Fächer des Ladens blickte, den Regine inzwischen vorsichtig geschlossen hatte, sah ich an den Bäumen des Gartens die reifen Früchte in der Sonne glänzen.

Ich glaubte schon auf die Tage der Ernte hoffen zu dürfen, als Regine, die in meinem Arm ruhend gleichfalls nach den Früchten des Gartens ausgesehen hatte, ganz unvermittelt und sehr erschrak. Unter uns, im unteren Raum des Turmes, in dem ich die Gartengeräte vermutet hatte, ertönten Geräusche. Die Türe, die von der Stadtseite her durch die Mauer in das untere Gelaß führte und von deren Vorhandensein ich überhaupt nichts wußte, war gegangen. Irgend jemand, der den Schlüssel zu dieser Türe hatte, mußte eingetreten sein. Man hörte deutliche Schritte und vernahm, wie da unten jemand zu hantieren begann. Regine, atemlos und überaus erregt, faßte mich krampfhaft an der Hand, zum Zeichen, daß ich mich völlig lautlos verhalten soll. Sollte der Vater des Mädchens unvermutet aus dem Geschäft weggegangen sein und sich da unten zu schaffen machen? Auf lautlosen Sohlen begab sich Regine an die Tür und sah nach, ob der Riegel fest verschlossen sei. Ebenso lautlos suchte sie die Fächer des Ladens zu schließen, durch die wir eben noch nach den reifenden Früchten ausgesehen hatten. Dann setzte sie sich, weit von mir entfernt, auf eine Bank und legte das Ohr an die Mauer, um nach unten zu horchen.

Ich saß indessen reglos und bemühte mich, sogar den Atem in Obhut zu nehmen. Immer wieder hörte man, wie da unten jemand Gegenstände durcheinanderwarf und offenbar nach etwas suchte, das nicht gleich zu finden war. Endlich trat etwas Ruhe ein. Nun vernahmen wir, wie die andere Türe des unteren Raumes, nämlich jene, die zum Garten führte, geöffnet wurde. Regine war aufgestanden und spähte durch die Ritzen der Läden in den Garten hinab. Ich sah, wie sie reglos dastand und auf den Heraustretenden wartete. Mit einem Male ging ein Zucken, ja, ein so jäher Schrecken durch ihren Körper, daß sie auf der Bank zusammensank. ›Um Gottes willen‹, sagte sie ganz leise, ›was habe ich doch getan?‹

Nun blickte auch ich durch die Ritzen der Läden in den Garten hinab. Ich sah einen jungen Mann, der nicht viel älter war als ich, und bemerkte, wie er eine Flinte in der Hand trug und nach den Ästen der Bäume blickte. Offenbar neidete er den Amseln die roten Kirschen, die im Garten zu reifen begannen, denn ich sah eben, wie er das Gewehr anlegte und nach einer Schwarzgefiederten zielte. Die Amsel schien jedoch die Gefahr rechtzeitig bemerkt zu haben und flog jäh davon. Nun ging der junge Mann weiter, sah wieder nach den Ästen, bald in dieser, bald in jener Richtung, und schien auch den Turm zu mustern, in dem Regine und ich verborgen waren; als ob auch hier, auf dem Dache, gleichfalls eine Amsel oder ein anderer ihm verdächtiger Vogel säße. Regine, die sich lautlos von der Bank erhoben hatte und, auf Zehenspitzen stehend, von der Mitte des Raumes aus durch die Ladenritzen jede Bewegung des jungen Mannes verfolgte, zitterte; es war ganz deutlich wahrzunehmen, wie der junge Mann dem Turm immer näher kam. Jeder seiner Schritte war zu vernehmen. So hörten wir auch, wie er den Fuß bereits auf die hölzerne Außentreppe setzte.

Regine, von einer unsäglichen Angst befallen, sank abermals auf die Bank zurück und verhüllte das Gesicht mit beiden Händen. Mich mutete die Geste an, als wollte sich das Mädchen am liebsten völlig verhüllen und unsichtbar machen. Noch immer gleich lautlos näherte ich mich ihr und ließ mich dicht neben ihr nieder, um zu erfahren, warum sie vor diesem jungen Mann so ohne Maß erschrocken sei. Indessen waren die Schritte schon fast bis zur Türe emporgekommen. Da merkte ich, daß Regine weinte. Sie weinte zwar tonlos, aber so sehr, daß die Tränen unter ihren Händen über das Gesicht herabfielen. Ich wollte

sie an der Hand fassen, wie um sie zu trösten, aber sie wies meine Hand in einer auffallenden Weise zurück. Zudem schuf sie einen überaus deutlichen Abstand zwischen uns beiden. Ich fühlte, wie eine kühle Abweisung von ihr ausging. So wurde mir nichts klarer, als daß ihr Herz an diesem jungen Manne hing, der mit der Flinte in der Hand vor der Türe stand und an der Klinke probierte, ob die Türe offen sei.
Wie ich, nachdem der Fremde die Türe verschlossen gefunden und nach einiger Zeit, in der er vergeblich auf die Vögel gelauert hatte, wieder aus dem Garten fortgegangen war, aus versteckten Andeutungen des Mädchens entnahm, war der Mann mit der Flinte ein junger Techniker, der in einer benachbarten Stadt angestellt und unerwartet hierhergekommen war, um, wie Regine sagte, ihre Eltern zu besuchen. Mehr verriet sie nicht, aber ich konnte leicht alles andere erraten. Erst jetzt ging mir der Ernst des ganzen Erlebnisses völlig auf. Was hätte doch zu dieser Stunde alles entstehen können, wäre der junge Mann nicht arglos davongegangen! Die Grille hatte wunderbar gelockt aus dem Grund der Erde herauf, aber ebenso eindringlich war von unten her, aus dem Gelaß, in dem ich bloß die harmlosen Gartengeräte vermutet hatte, ein ungeahnter Schritt aufgestanden und bis zu uns an

die Türe gekommen. Der Abstand zwischen Regine und mir blieb so deutlich, als wäre er durch nichts, auch nicht durch die süßeste Lockung mehr zu überbrücken. Fast ohne Abschied, wie von einem Fremden, schied Regine von mir und sah mir nur so lange nach, bis ich, ohne von jemand erblickt zu werden, aus dem Garten geflohen war.«

Hier setzte mein Freund aus und schaute vor sich hin. Der Schatten eines Baumes hatte sich über uns beide gestreckt, und nur einzelne Sonnenflekken, die durch das Blattwerk fielen, ruhten auf uns. Vor uns aber lag noch immer der goldene, wolkenlose, vor Lust zitternde Sommertag.

»Bist du mit diesem Mädchen auch später nicht wieder zusammengekommen?« fragte ich meinen Freund.

»Nie wieder«, sagte er. »Regine wich mir stets von weitem aus, und auch ich mied jede weitere Begegnung. Was zwischen uns vorgefallen war, hat nie jemand erfahren. Einmal«, fuhr mein Freund fort, »habe ich Regine gesehen, wie sie an der Seite ihres Verlobten am Fluß entlang durch das weite Land ging. Ich blieb inmitten der Allee stehen und schaute ihnen nach. Der Glanz des Sommers lag über den Feldern und Wiesen, über den Erlen und Weidenbäumen. Von ferne hörte ich das leise Rauschen des Flusses, aber ich vernahm, was mir zu dieser Stunde besonders auffiel, nicht eine einzige Grille. Die Erde war wie verstummt.«

Das andere Ufer

Blau lag der See unter dem fast wolkenlosen Himmel, die Luft rührte sich kaum, keine Welle wagte die weite Stille der Wasser zu stören. Wie im Glanz erstarrt, stand das besonnte Schilf am Ufer. Die Kronen der Bäume ruhten regungslos im brauenden Raum. Manchmal, wenn eine Libelle aufflog, sich höher schwang, sich senkte und wieder nach oben flog, schien es, als zitterte die Luft hinter ihrem lautlosen Flug. So empfindsam war alles, als horchte die Natur auf sich selbst: Ob sich nicht da oder dort, aus der Tiefe oder Höhe, eine Stimme oder auch nur ein Ton ablöste in diese fast fühlbar dichte, schwüle sommerliche Luft. Die Hügel lagen da mit lauerndem Rücken, selbst die dahinter angehäuften Berge hielten ihr riesiges Ohr gespannt.

Konrad saß im Gras auf einer kleinen Anhöhe, die Füße etwas aufgezogen, die Ellenbogen auf die Knie gestützt, das Gesicht manchmal in den Händen. Er schien alles schweigsam zu betrachten. In Wirklichkeit sah er kaum etwas deutlich vor sich, nicht die blendenden Wasser, nicht den blauen Himmel, nicht die Hügel und fernen Berge. Auch wenn einmal ein Schmetterling dicht an ihm vorüberflog oder eine Biene ihn umkreiste, achtete er nicht darauf. Er sah kaum seinen eigenen Schatten, obgleich er dicht vor ihm durch das Gras wuchs. Nur die Sonne, die hinter ihm stand, fühlte er lastend auf seinem Rücken.

Wie war das, wenn er damals, in der ersten Zeit seiner Ehe, hierherkam! Wie eine neue Welt erschien ihm stets alles, er freute sich an allen großen und kleinen Dingen; der weite Himmel über ihm, das niedrigste Gräslein unter ihm wurde ihm zum Spiegel für seine freudige Welt.

Wie müde war er seitdem geworden. Er hatte zwar gehofft, hier an diesen Ufern wieder die alte Beglückung zu finden, aber es war nichts mehr da von alldem, was er suchte. War nun die lange Zeit schuld, die er mit Anna verlebte, all die nebensächlichen Begebenheiten, die der Alltag mit sich brachte, all die kleinen und kleinsten Zwistigkeiten, die immer wieder von neuem aufstanden. Oft befand sich Konrad in einem Zustand der Gereiztheit, als wäre etwas krank geworden in seinen Gefühlen. Er wußte es selbst nicht recht, was eigentlich die Ursache war zu seiner oft gleichgültigen und manchmal sogar feindlichen Stimmung gegen Anna. Als ob es nicht möglich wäre, daß das Glück bei zwei Menschen ver-

weile, so kam es ihm vor. Oder war Anna schuld an diesem Zustand? War ihre Liebe nicht mehr so innig und ausschließlich wie einst? Hatte sie jenes traumhafte Leben zerstört, das sie miteinander verbunden hatte?

Da saß sie nun, etwas von ihm entfernt, gleichfalls im Gras, derselbe Mensch, mit dem er durch Jahre hindurch auf das innigste vertraut und verbunden gewesen war; ja, Anna saß da wie jemand, der alles Gewesene vergessen hat, fast wie eine Fremde. Heimlich sah Konrad nach ihr aus. Ihr Gesicht war gesenkt, der Mund geschlossen. Es kam ihm vor, als wären ihre Wangen schmäler, die Nase dünner geworden, die Stirn schien manchmal zu zucken. Anna griff nach einem vor ihr stehenden Blumenhalm, riß ihn ab und drehte ihn zwischen den Fingern. Dann begann sie, die Blüte zu zerpflücken; ein Blättchen nach dem andern riß sie ab und zerknüllte es. Dabei sprach sie kein Wort mit Konrad.

Eine Stimmung machte sich breit, als ob sich etwas lösen wollte, als ob sich in dieser Schwüle etwas zu einer geradezu unheimlichen Reife verdichtete. Konrad sah bald in die brauende Weite, bald in die klare Nähe und blickte immer wieder auf Anna. Da erschrak er plötzlich. Irgendwo in der Nähe hatte er einen jähen Fall gehört. Irgend etwas mußte auf den Boden geklatscht sein. Konrad schaute rings umher und sah, unweit von sich, einen Apfel liegen, der sich vom Baum gelöst hatte. Er reckte sich, machte einige Schritte und griff nach der abgefallenen Frucht. Halb gelblich, halb grün, lag sie in seiner Hand. Auf der gelben Seite sah Konrad ein Wurmloch. Es war schwarz, ein morscher Ring lief um die dunkle Öffnung. Konrad roch daran. Ein säuerlicher, fast bitterer Geschmack schien von der Frucht auszuströmen. Mehrmals drehte Konrad den Apfel in seiner Hand. Immer wieder kam das Wurmloch in Sicht. Plötzlich hob Konrad den Arm und warf den Apfel fort, weit fort. Eine Weile sah er ihn noch im Gras rollen, dann war der Apfel verschwunden.

Zur selben Stunde kam ein anderer Sommergast des Weges. Er hatte gesehen, wie Konrad den Apfel von sich geworfen und sich wieder, in deutlichem Abstand, in die Nähe Annas gesetzt hatte. »Damit also vertreiben Sie sich die Zeit«, sagte Andreas Berger zu Konrad. Er wollte schon sagen, wie man in der Nähe einer so schönen Frau keine süßere Kurzweil zu pflegen wisse, aber er hielt die Worte zurück, da er erkannte, daß Anna schon durch seine bloße Ankunft verlegen war und leicht errötete.

Andreas Berger war erst vor einer Woche hierhergekommen, aber da er im selben Gasthaus wohnte wie Konrad und Anna, und sie meist zusammen an einem Tisch saßen, war es für Andreas kein Geheimnis geblieben, daß zwischen den beiden Eheleuten etwas Trennendes lag. Aus bloßen Gesten, aus kleinen Worten, aus Blicken und Begegnungen hatte er das rasch erkannt. Freilich ließ er sich davon nicht mehr merken, als daß er besonders höflich und zuvorkommend gegen Anna war. Er fühlte sehr bald, wie wohl ihr das tat; lieben doch die meisten Frauen nichts mehr, als verehrt zu sein, ist doch ihre Zartheit oft so empfindsam wie der Staub auf den Flügeln der Schmetterlinge. Andreas' gutes, fast immer heiteres Aussehen mochte wohl auch dazu beitragen, daß Anna sich bisweilen mehr mit ihm unterhielt als mit ihrem Mann und es nicht ungern sah, wenn Andreas sie auf ihren Spaziergängen und Ausflügen begleitete. So war er auch heute wieder herausgekommen an das Ufer des Sees; hatte man doch schon beim Frühstück von einer Kahnfahrt gesprochen, hatte ihn Anna doch mit einem Blick geradezu aufgefordert, bestimmt nachzukommen.

»Was für ein herrlicher Tag heute ist«, sagte Andreas Berger. »Ich dachte schon, Sie beide weit draußen auf dem See suchen zu müssen.«

Merkwürdig kam es ihm vor, daß er nicht gleich Antwort erhielt. Konrad tat überhaupt, als hätte

er die Rede überhört und schaute noch immer versonnen vor sich hin.
Da sagte Anna: »Konrad hat heute keine Lust zum Kahnfahren.«
Nach diesen Worten entstand eine Pause, in der zuerst Andreas auf Konrad und dann Konrad auf Andreas blickte.
»Nein«, warf Konrad ein, »ich habe wirklich keine Lust, in dieser Schwüle.«
Fast etwas Mürrisches lag in dieser Stimme.
Oben leuchtete der wolkenlose Himmel, der See glänzte, ein Vogel schwang sich schaukelnd über den Ufern. Es war wirklich zu schön heute, als daß man eine auch nur leicht beschattete Stimmung aufkommen lassen konnte. Deshalb sagte Andreas, als wäre gar nichts geschehen:
»Darf *ich* Ihrer Frau die Freude machen, sie hinauszurudern?«
Konrad schwieg, dann erwiderte er: »Meinetwegen.« Er sagte es mit einer völlig gleichgültigen Stimme.
Wieder tat Andreas, als hätte er diesen Ton nicht gehört, und geleitete Anna, die weder auf Konrad noch auf Andreas blickte, sondern nur schweigend vor sich hinsah, über die Anhöhe hinab.
Im leichten Abstand gingen die beiden nebeneinander. Konrad schaute ihnen nach. Wie merk-

würdig stockend Anna dahinging; als fühlte sie den Blick ihres Mannes auf ihrem Rücken. Aber sie ging, ohne umzusehen, an Andreas' Seite dem Ufer zu. Auch während Andreas den Kahn von der Kette löste, wandte sie keinen Blick gegen die Anhöhe zurück. Sie wartete nur auf den Augenblick, da sie einsteigen konnte.

Konrad bemerkte, wie sie die Kleider raffte, den Fuß hob und in den Kahn trat, während Andreas den Bootsrand festzuhalten suchte. Wie oft hatte dieser Schritt Konrads Augen früher bezaubert, jetzt rührte er ihn kaum.

Er sah, wie der Kahn vom Ufer abstieß, wie sich das trennende Wasser zwischen das feste Land und das Schifflein drängte. Immer weiter trieb das Boot vom Ufer ab. Hinter ihm zitterten die Wasser, eine silberne Furche, fiebrig erregt, blieb zurück. Der Kahn selber aber wurde immer kleiner, je weiter er hinausfuhr, und die beiden Gestalten darin waren bald kaum mehr zu unterscheiden.

Konrad erhob sich. Allein stand er auf der Anhöhe. Es muß wohl sein! sprach er zu sich selber. Wir müssen uns trennen!

Er wußte dies so sicher jetzt, daß er sich entschloß, sobald wie möglich von hier wegzufahren und Anna allein zurückzulassen. Er schritt die Anhöhe hinauf, dem Gasthaus zu, um in seinem Zimmer schon jetzt die Koffer zu packen.

Indessen schien draußen auf dem weiten See das Wasser um die Bootswand immer silberner, leuchtender aufzubrechen. Anna mußte oft die Augen von diesem Glanz wenden, um nicht geblendet zu werden. Das hügelige Ufer mit seinen Bäumen und Häusern war bereits ganz in die Ferne gerückt. Nur die Wasserfläche beherrschte das Auge.

»Wir haben Glück mit unserer Fahrt«, sagte Andreas, während er die Ruder aus der Hand gleiten und neben dem Bootsrand durch die Wasser schleifen ließ. Kaum bewegt trieb der Kahn auf dem See dahin.

Anna blickte über die Wasser hin, dann auf den Grund hinab, wo sich das Blau des Himmels spiegelte. »Der See soll sehr tief sein«, sagte sie, nachdem sie eine Weile vor sich hingesehen hatte. »Man sagt drüben im Dorf, daß man an manchen Stellen seinen Grund noch nie erreicht hat.«

»Ich habe auch schon davon gehört«, sprach Andreas. »Vielleicht gleitet unser Kahn eben jetzt über eine solche Stelle hinweg.«

Anna hielt die Augen unverwandt gegen das Wasser gerichtet.

»Sie fürchten sich wohl gar?« lachte Andreas.

Das Lächeln Annas hatte plötzlich etwas Verlegnes. »Wie sollte ich mich denn fürchten?«

Andreas griff nach beiden Rudern, zog sie weit aus und tauchte sie tief in die Flut. Fest und jäh schoß der Kahn dahin.

»Ob Sie sich wohl immer meinen Rudern anvertrauen würden?« fragte er.

Die Blicke der beiden ruhten eine Weile ineinander. Man hörte das Wasser am Bootsrand rauschen.

Während Andreas und Anna sich so ansahen, ließ er die Ruder abermals aus der Hand gleiten. Bald schien das Boot über den Wassern wieder stillzustehen. Kaum daß sich die Wellen noch unter dem Bug hervorwagten; als ob jetzt nicht einmal sie die Stille stören dürften, die sich um Anna und Andreas bildete. Es war jene Stille, die sich spannt wie eine Membrane, um die kleinste Schwingung des Herzens vernehmbar zu machen. In dieser Stille hört jedes den eigenen Blutschlag und ist dabei innerlich so erregt, als hörte es den des andern. So aber wird diese Stille oft so laut, daß sie das Ohr der Liebenden für jeden anderen Ton taub macht. Es ist, als stände in solchen Stunden die Welt selber still, als gäbe es nichts, was vorher war und nachher sein wird.

Also merkten Andreas und Anna auch nicht, daß sich hinter ihnen, im Westen, große, dichte Wolken aus dem Horizont heraufschoben. Über ihnen selbst stand ja die Sonne und verdichtete die Glut des Tages nur immer mehr. Aber auch als die beiden nach einiger Zeit das inzwischen höher gedunsene Gewölk bemerkten, dachten sie sich nichts dabei.

»Es wird sicher kein Gewitter geben«, sagte Andreas, als Anna, scheinbar zufällig, wieder einmal nach dem Gewölk ausgesehen hatte.

»Gut sieht es allerdings nicht aus«, meinte sie. Trotzdem klang ihre Stimme sehr unbekümmert.

»Was wäre auch schon daran gelegen«, sprach Andreas, »wenn wirklich ein Gewitter käme. Ich würde Sie durch jeden Sturm rudern und sicher ans Ufer bringen.«

Annas Blicke hingen wieder in den seinen. Er griff nach ihrer Hand. Sie ließ es geschehen, daß er sie immer mehr an sich zog. Plötzlich neigte er sich über ihre Hand und küßte sie.

Das Wasser rings um das Boot wurde leicht unruhig. Es waren ganz kleine Wellen, die sich auf der bisher so glatten Seefläche zeigten; als fröre es den See trotz der Schwüle, die über ihm lag; dabei wurde das Wasser dunkler. Der Glanz schien zu erlöschen. Man spürte auch bereits einen leichten Wind.

Während jedoch das Schifflein unverändert ruhig dahintrieb, wurden die hinter den Hügeln liegenden Berge auffallend sichtbar. Die Konturen der einzelnen Rücken und Gipfel traten scharf hervor. Dunkelblaue, bisweilen tief violette Schatten ruhten auf ihnen. Das Wasser bekam, als die Sonne hinter einzelnen Wolken verschwand, eine tintenartige Farbe. Auch wurde der Wind jetzt spürbar, die Wellen schlugen höher. Auf ihren Kämmen kräuselte ein weißer Schaum.

Die Gewitternähe war nicht mehr wegzuleugnen. Doch was lag daran! Andreas lachte. Seine gewohnte Heiterkeit schien unter nichts zu leiden. Er kannte den See nicht, er wußte nichts von seinen Tücken und jähen Umschlägen. So, wie er dann und wann von seinen Untiefen gehört hatte, hatte er wohl gelegentlich auch von seinen Stürmen gehört. Tiefer berührt hatten ihn alle die Reden nicht.

Wozu hatte man denn einen festen Kahn, wozu hatte man die Ruder!

»Auch wenn der stärkste Sturm käme«, sagte er zu Anna, »es kann uns nichts machen. Wir haben die Mitte des Sees längst hinter uns. Das andere Ufer ist nicht mehr fern.«

Ihm schien es geradezu erwünscht zu sein, wenn er mit Anna nicht so rasch in das Dorf zurückkehren und am andern Ufer mit ihr bleiben müßte.

Aber er hatte die Worte kaum gesprochen, da fuhr ein jäher Windstoß über den See. Er war so unerwartet heftig, daß Andreas und Anna mit ei-

nem Male verstummten. Der jähe und unvorhergesehene Schrecken wurde um so nachhaltiger, als dem ersten Sturmstoß immer neue Stöße folgten und es aus allen Richtungen zu heulen und zu toben anfing. Die Wellen sprangen mit drohendem Rücken hoch und schwankenden Bäuchen; sie sprangen bis in den Kahn und füllten ihn mehr und mehr mit Wasser. Dabei trieb der Kahn aus seiner Richtung zum andern Ufer immer mehr ab. Wenn Andreas auch noch so gewaltsam ruderte, das Schifflein ließ sich in keine feste Bahn mehr zwingen. Es schwankte um sich selbst, es stieg bald vorne, bald hinten empor, um auf der gegenüberliegenden Seite scheinbar auf den Grund des Wassers hinabzustoßen.
Da es zudem heftig zu blitzen und zu donnern anfing und der Regen in Strömen fiel, konnten weder Andreas noch Anna das scheinbar so nahe gewesene Ufer erspähen. Es kam ihnen vor, als hätte der Sturm sie zurückgetrieben in die gefährliche Seemitte. Freilich gab Andreas den Kampf mit den aufgewühlten Wassern nicht auf. Wenn er auch kein Ziel mehr sah, er ruderte doch unaufhörlich.
Plötzlich jedoch spürte er einen ruckartigen Schlag. Gleich merkte er gar nicht, was geschehen war. Doch als er erkannte, daß ihm der Sturm die Ruder aus der Hand geschlagen, sie

aus den Eisenangeln gehoben und fortgerissen hatte, brach alle Hoffnung zusammen. Denn jetzt war man dem Unwetter hilflos preisgegeben. Jeden Augenblick konnte der Sturm das Boot umwerfen und sie beide auf dem Grund des Sees begraben.

Inzwischen hatte Konrad droben im Gasthaus des Dorfes bereits seine Koffer gepackt. Als er in der Richtung nach Westen gesehen und die Gewitterwand bemerkt hatte, dazu die dunkelblauen und violetten Farben der Berge, stützte er die Hände auf das Fensterbrett und blickte weit in den See hinaus. Irgendwo in der Ferne glaubte er den winzigen Kahn zu sehen. Augenblicklich machte er sich keine weiteren Sorgen. Wer sich in den Wind begibt, soll nur vom Winde geschaukelt werden! dachte er. Fast mit einer heimlichen Genugtuung sah er das Unwetter aufziehen.

Als sich jedoch kurz darauf der Sturm zu entladen begann, begab er sich mit mehreren Leuten, die das aufziehende Wetter gleichfalls beobachtet hatten, an das Ufer des Sees. Hier kämpften sich eben die letzten Boote, die noch draußen waren, durch die Wellen. Bald lagen alle Kähne fest an den Pfählen. Nur ein Kahn fehlte noch. Es war derselbe, in dem Anna mit Andreas Berger hinausgefahren war.

Etliche Fischer hatten schon erwogen hinauszurudern, um nach den Fehlenden zu fahnden. Da das Unwetter sich aber überaus rasch zu einer kaum gekannten Stärke gesteigert hatte, unterließen auch sie die Fahrt. Es sei unmöglich, durchzukommen, sagten sie.
Während sich nun unter den am Ufer Stehenden ein tiefes Schweigen breitmachte, das nichts deutlicher ausdrücken wollte, als daß man die noch auf dem See Befindlichen wohl für verloren halten müsse, spürte Konrad ein jähes Frösteln. Doch war es nicht der Wind allein, der ihm kalt durch die Haare lief.
Mit einem Male fühlte Konrad nämlich etwas, was er heute, nachdem er den Apfel vom Baum hatte fallen hören, nicht für möglich gehalten hätte. Er, der Anna vergessen wollte, spürte, wie sehr doch alles, was jahrelang mit ihm verbunden war, noch immer mit ihm verbunden blieb: die Tage der ersten Begegnungen, das Sichfinden und Sichbesitzen, das Nursichgehören mit allen Freuden einer wahren und innigen Liebe. Wie verloren und scheinbar für immer vergangen schien dies alles! Doch man hatte nicht umsonst zusammen gelebt; das Leben war zu einer Bindung geworden, die nicht so leicht zu lösen war, wie Konrad gedacht hatte. Jetzt, da sich das andere in Gefahr befand, erwies sich diese Bindung

als so unabweisbar, daß Konrad keinen anderen Gedanken kannte, als in den Sturm hinauszufahren und Anna zu retten.
Die Fischer redeten ihm zwar ab, dies zu tun; das Schicksal sei jetzt mächtiger als der Mensch; es habe keinen Sinn, gegen übermächtige Wellen anzukämpfen! Doch Konrad ließ sich nicht halten. Er band einen Kahn los, sprang hinein und ruderte in den sturmbewegten See hinaus.
»Der kommt nicht wieder«, sagten einige unter den Leuten am Ufer.
Die Fischer nickten stumm.
Draußen hatte sich inzwischen folgendes ereignet: Anna hatte, völlig verzweifelt, zu weinen angefangen. Alle Lockungen und Verführungen hatte sie ebenso vergessen wie den hellen Himmel, der noch vor kurzem über ihr stand und mit seinem Blau die Tiefe des Sees erfüllte. Als wäre nie etwas Trennendes zwischen ihr und ihrem Mann gewesen, sagte sie: »Wäre ich doch bei Konrad geblieben!«
Wie diese Verwandlung auf Andreas wirkte! Der sonst so Unbekümmerte, dem alles so leicht erreichbar schien, auch er wünschte nun nichts sehnlicher, als diese Fahrt nie angetreten zu haben.
Beide sahen, wie das Wasser im Kahn immer höher stieg. Wenn Andreas auch mit seinen Händen

die eindringenden Fluten wieder auszuschöpfen suchte, jetzt, da der Sturm die Wasser zügellos um sich warf, hatte dies alles keinen Sinn mehr. Die Bootswände ragten nur mehr wenig empor. Krampfhaft hielten sich die Schiffbrüchigen am Rand des Kahnes fest, um nicht schon jetzt von der Flut weggespült zu werden.

In diesen Augenblicken bemerkten Anna und Andreas etwas, das sie zunächst wie eine Erscheinung anmutete. Über die Wogen kam es daher; es wurde bald nach oben geworfen, dann wieder verschwand es für einige Augenblicke; bald schien es durch das zischende Grau des Sturmes näherzukommen, bald sich zu entfernen. Obgleich man bereits erkannte, daß es ein Kahn war und ein Mensch an den Rudern saß, der sich mit aller Gewalt heranarbeitete, wirkte das Nahen dieses Schiffleins doch noch wie ein Gesicht in einem schweren Traum: als könnte das Boot nicht herankommen, während der eigene Kahn schon in die Tiefe hinabzusinken drohte; als stände zwischen den beiden Booten der Tod selbst und wühlte alles hemmend auf zwischen ihnen.

Um so erleichterter fühlten sich Anna und Andreas, als der Kahn sich trotzdem näherte und bald so nahe war, daß man den Insassen erkennen konnte. Doch da sie merkten, daß es Konrad war, schauten sie sich einen Augenblick stumm

an. Sie konnten es nicht begreifen, daß gerade er ausgefahren war, um sie zu retten.
Nachdem Konrad die beiden bis zum Tod Gefährdeten aus dem versinkenden Kahn gerettet hatte, fuhren sie zu dritt weiter. Kein Wort fiel zwischen ihnen, als hätten sie alle drei in dieser Stunde die Stimme verloren. Was man hörte, war nur der Sturm. Noch pfiff, sauste, heulte und brüllte er, noch immer tönte dasselbe wilde Durcheinander von unheimlichen Stimmen. Dazwischen freilich hörte man jetzt immer wieder einen neuen, anderen Ton: Konrad ruderte, und Andreas, der die noch vorhandenen beiden weiteren Ruder ergriffen hatte, ruderte gleichfalls. Die beiden Männer achteten nur darauf, ihre Ruder möglichst gleichzeitig in die stürmenden Wogen zu tauchen, um mit vereinten Kräften ans Ufer zu gelangen. Anna hingegen saß da, regungslos, und hielt sich mit beiden Händen am Sitz des Kahnes fest. Ihr Gesicht war tief geneigt, als wagte sie es auch jetzt nicht, einen der beiden Männer anzublicken.
Die Leute am Ufer waren nicht wenig erstaunt, als schließlich der Kahn mit den drei Insassen ankam. Wie etwas Wunderhaftes kam ihnen diese Rettung vor; in Wirklichkeit war etwas rein Menschliches geschehen.
Am Morgen des nächsten Tages, nachdem sich der Sturm über dem See längst gelegt hatte und

der Himmel wieder blau geworden war, sah man, wie der Hausdiener des Gasthofes etliche Koffer zum Bahnhof fuhr. Es waren die Koffer Andreas Bergers, der mit einem der ersten Züge den Ort verließ. Konrad hingegen packte seine Sachen wieder aus und begab sich mit Anna hinunter an das Ufer des Sees. Während sie über die weite Fläche hinschauten, leuchteten die Wasser wie gestern vor dem Gewitter. Kaum eine Welle rührte sich mehr. Hinter dem Flug einer Libelle zitterte wieder eine fast lautlose Stille. Konrad schaute, schaute nur. Heute hatte er nicht mehr das Gefühl, als ob sich etwas lösen müßte, und so achtete er es kaum, als irgendwo in der Nähe eine Frucht vom Baum fiel.

Der Stein im Feld

Es war zur Zeit des Sommers. Ich war mit meinem Vater, der nach den Fluren sehen wollte, auf einem furchigen, ausgetrockneten Weg, über allerlei Steine hinweg, aus dem engen Tal zur Höhe gestiegen. Der junge Fichtenwald, der uns links und rechts des Bergweges begleitet hatte, hörte auf; vor unseren Augen, über die weite, kaum absehbare Hochfläche, breiteten sich die Felder aus. Sie waren durch Raine, auf denen da und dort eine Schlehdornhecke oder ein wilder Birnbaum wuchs, voneinander getrennt. Doch sah man jetzt nichts von all den kleinen Grenzen; Korn und Weizen waren so hoch geworden, daß sie alle Raine überragten und verdeckten. Wie ein einziges goldenes Meer dehnten sich die Getreideflächen aus. Hier waren die Farben etwas heller, dort etwas dunkler, je nach dem Stand der Reife und der Art der Früchte; wo Gerste und Hafer wuchs, spielte noch ein grüner Schein über den Ähren. Mein Vater schaute bald über die gesegneten Fluren hinweg, dann wieder betrachtete er den roten Mohn, der im Getreide blühte, be-

sah die dunkelblauen Kornblumen und die hellen rötlichen Raden. Er sprach nur wenig und ging immer weiter.
So kamen wir, auf dem steinigen Feldweg dahin, bald zu einer Stelle, auf der mir etwas Besonderes auffiel. Ziemlich weit vom Weg entfernt, mitten im Feld, ragte ein Stein empor. Es war ein eigenartiges Gebilde inmitten der hohen Getreidefelder.
»Komm einmal her«, unterbrach mein Vater das Schweigen. Er hatte bemerkt, wie sehr der Stein meine ganze Aufmerksamkeit in Anspruch genommen hatte. Wir gingen auf einem schmalen Rain in die Felder hinein und kamen dem Stein immer näher. Er glänzte fast weiß in der Sonne, so hell war er; denn es war ein vom Regen und Wind gebleichter kalkiger Jurastein. Nie wuchs das Korn so hoch, daß es ihn einmal überwuchert hätte. »Er ist immer zu sehen«, sagte mein Vater. »Im Sommer wie im Winter. Auch der größte Schneefall vermag ihn nie zu verdecken.« — »Warum eigentlich?« meinte ich. Die Antwort wäre recht einfach gewesen: »Weil er so groß ist.« Aber mein Vater sagte: »Er will uns wohl nicht vergessen lassen, was einst, vor langer Zeit, über diese schöne Gegend hinwegging.«
Ich schaute meinen Vater fragend an; ich wußte nicht, was er meinte. Er schwieg eine Weile und

blickte zum Himmel empor. »Schau nur, wie blau das Firmament ist«, sprach er. »Man möchte es am liebsten nicht wahrhaben, daß aus demselben Himmel ein solches Unheil herabkommen kann.« Ich wurde noch stiller, noch fragender wurde mein Blick. Selbst die Stille der Felder schien zu horchen. Fast regungslos standen die Halme, auch Kornblumen, Mohn und Raden bewegten sich nicht. So schön war rundum die Welt, als könnte nur die Sonne leuchten, der Himmel nur blau sein, und alles könnte nur wachsen und gedeihen. Ich sah, wie mein Vater noch immer vor sich hinblickte und den Duft einsog, der durch die Felder ging. Dann sagte er: »Muß das eine Zeit gewesen sein damals! Es blühte und reifte wohl alles so wie heute, und Menschen wie du und ich sind durch die Felder gegangen und glaubten ebenso wie wir, daß die Welt nicht anders als schön sein könne.«
Wir traten, indem wir uns zwischen den hohen Halmen einen Weg suchten, ganz nahe vor den Stein. Er war noch immer gleich hell, wie er schon aus der Entfernung erschienen war. Die Sonne lag voll darauf. Als ich ihn mit der Hand berührte, um ihn nicht bloß zu sehen, sondern auch zu betasten, fühlte er sich ganz warm an. Auch war er rauh wie alle Jurasteine, und kurzes Moos wuchs an manchen Stellen. Besonders in

den Löchern, die er zeigte, blühten ganz kleine, moosartige Gewächse. Die einen waren wasserfarbig, die andern gelb wie Schwefel. Auch der Same einer Feldblume hatte sich an seine Steinwand verirrt; die Blume war aufgegangen und zeigte eine Bläue, hell wie der Himmel über uns. Es war eine kleine Glockenblume. Obgleich ich solche Dinge an hundert anderen Steinen und Felsen schon gesehen hatte, fiel mir hier doch alles besonders auf. So erstaunte ich auch, als ich bemerkte, daß der Stein nicht lose auf der Erde lag. Ich hatte nämlich gedacht, es wäre einer jener großen Steine, die, von Felsen abgebrochen, zahlreich in der Gegend umherliegen. Daß hier nirgends ein Felsen in der Nähe war, war mir anfangs gar nicht aufgefallen. Es war doch weithin nur ebene Erde, auf der die Frucht der Felder wuchs. Aus dieser Erde, offenbar von unten herauf, ragte der Stein.

»Damals«, erzählte mein Vater, »vor mehr als hundert Jahren, damals freilich sahen die Menschen diesen Stein noch nicht. Er war von der Erde zugedeckt.« Ich fragte nun, ob man die Erde wohl aus irgendeinem Grunde abgetragen habe; doch mein Vater sagte: »Es ist damals etwas ganz anderes geschehen«, und begann eine Geschichte zu erzählen, die mich inmitten des blauen Sommertages so sehr in eine andere Zeit

versetzte und nachdenklich machte, daß sie mir bis heute in der Erinnerung blieb.
Es war an einem Julitag. Der Himmel war damals ebenso blau wie an allen schönen wolkenlosen Tagen des Sommers, und kein Mensch hätte gedacht, daß er sich in kurzer Zeit so völlig verwandeln würde. Es zeigte sich zuerst auch nur ein aufsteigendes Gewölk im Westen, bald aber wurde der Himmel auffallend grau, ein grüngelbes Licht sammelte sich auf den immer schwärzer und dichter werdenden Wolken. Die es sahen, blieben erschrocken stehen, denn nie noch im Leben hatte man ein solches Wettergewölk gesehen. Es war anders als alle bisher gesehenen Wolken; nicht bloß, weil das Gewölk so auffallend gefärbt war, man fühlte es auch, daß der Ausbruch dieses Wetters nur Unheil bringen konnte. Wenn man sich das Ausmaß dieses Unheils auch noch nicht auszudenken und vorzustellen vermochte, das Ahnen jedoch war über viele gekommen. Sie spürten es auf eine eigentümliche Weise; es soll manchen in den Gliedern gerissen haben, und Frauen sollen plötzlich in Tränen ausgebrochen sein, ohne recht zu wissen, warum. Hasen und Rehe verkrochen sich, und die sonst so lärmenden Raben zogen in großen Scharen lautlos ihren Horsten zu; es war ein fast gespenstisches Bild. Als dann der erste Blitz fiel,

folgten diesem, eher als man denken konnte, hundert und aber hundert Blitze; ganze Bündel prasselten aus den Wolken; es war wie das Fallen des Feuers vom Himmel. Der Donner war so heftig, als sollte die Erde erzittern, ja, als wollte der Himmel leibhaftig herabfallen. Nun war es allerdings nicht der Himmel, der herabfiel, sondern es war Hagel und Regen. Die Hagelkörner waren so zahlreich und der Regen so dicht, daß man die einzelnen Schloßen und Tropfen nicht mehr unterscheiden konnte. Alles hatte sich zu einer einzigen Sturzflut gemischt. Rasch lag alles Getreide am Boden, Halme und Blumen wurden zerstampft. Die Wurzeln wurden ausgerissen und fortgeschwemmt. In kurzer Zeit waren die Fluten so hoch, daß nie zuvor dagewesene Bäche und Flüsse von allen Höhen zu Tal trieben; denn das Gewitter hatte sich inzwischen über die ganze Gegend verbreitet und sie mit einer unheimlichen Düsternis erfüllt. Der Fluß im Tal trat aus den Ufern und überschwemmte die Straßen und Gassen des Ortes.

Jakob Dineiger, ein noch junger Mann, der in der Marktstraße eine Schreinerei betrieb, konnte es kaum fassen, als auch bei ihm, vom Hof her, der dem Fluß zu lag, das Wasser in die Werkstätte spülte. War er doch vor kurzem noch an der Hobelbank gestanden und hatte, während er seiner Arbeit nachging und die Späne in seltsamen Formen nach allen Seiten auseinanderfielen, an nichts anderes gedacht als an Christine, die Tochter eines verstorbenen Seilers, die er im kommenden Herbst, wenn alle Feldfrucht eingebracht sei, als Frau in sein Haus heimführen wollte. Schon seit Jahren war er ihr innigst zugetan, ja er kannte sie schon seit Kinderzeiten und wußte ihre hübsche Erscheinung ebensosehr zu schätzen wie ihren unermüdlichen Fleiß, den alle Einwohner des Ortes bewunderten; führte sie doch, seit ihr Vater tot war, die mit dem ehemaligen Geschäft verbundene Landwirtschaft besser, als dies mancher tüchtige Bürger tat.

Eben vor Stunden war sie vor dem offenen Fenster seiner Werkstatt gestanden und hatte ihm ein Schüsselchen auf das Gesims gestellt. Es war voll reifster Himbeeren, die sie, während die Ochsen draußen im Feld im Schatten eines Baumes rasteten, im nahen Wald gepflückt hatte. Jakob hatte sich kaum recht bedanken können für die Aufmerksamkeit, da war das Mädchen auch schon wieder verschwunden, um wieder rechtzeitig auf das Feld hinauszukommen.

Nun sah Jakob die Flut immer höher steigen, und die Späne, die am Boden lagen, trieben auf der rastlos gischtenden Oberfläche des Wassers hin und her. Lange freilich hatte Jakob nicht Zeit, dieses Spiel des Elementes zu betrachten, und lief durch das Haus nach vorn, der Marktstraße zu, wo verschiedene Leute an ihren Türen standen und mit großer Sorge den weiteren Verlauf des Unwetters verfolgten. Mächtiger, als man anfangs dachte, wälzte sich die Wasserflut, von der Flußseite her, durch die Höfe und Hausgänge bis zur Marktstraße, und man begann bereits die unteren Zimmer und Kammern zu räumen, als plötzlich, mitten in das Lärmen und Tosen des Unwetters hinein, eine Glocke ertönte. Alle, die diese Glocke hörten, standen einen Augenblick verwundert still, als hätte sich mitten im Sturm eine Stimme erhoben, die alles Wehen und Heulen mit einer seltsamen Gewalt zu durchdringen suchte. Allerdings konnte man sich in den ersten Augenblicken nicht erklären, woher denn dieser klingende Ton komme, zumal die Glocken droben auf dem kuppeligen Turm der Pfarrkirche einen ganz andern, viel dumpferen Ton hatten. Wer auch sollte mitten in diesem Unwetter am Strang ziehen! Daß man vor dem Unwetter eine Glocke läutete, um das Wasser zu vertreiben, verstand man, aber während des Unwetters galt das Läuten als größte Gefahr. Indessen erkannte man immer mehr, daß die läutende Glocke keine andere sein konnte als die der auf dem jenseitigen Ufer gelegenen Bergkirche.

Am Hang des Berges, ziemlich weit von der Kirche entfernt, weidete vor Ausbruch des Unwetters der Gemeindehirte die Herde des Ortes. Auch er hatte das Wasser kommen sehen, aber es war, während er die Herde heimtreiben wollte, so rasch dahergekommen, daß er nicht mehr Zeit hatte, das Vieh zu Tal zu bringen. Der Hirte war ein schon älterer Mann, der manches Wetter erlebt und es ohne Gefahr mit seinen Kühen überstanden hatte. Als das Gewitter losbrach, befand er sich eben in der Nähe der großen Linden, die sich über den Berg empor bis zu der auf dem höchsten Punkt liegenden Kirche hinziehen. Unter jenen Linden wollte der Hirte, da er im ersten Augenblick keinen Ausweg sah, seine Herde versammeln; aber der Sturm brach die größten und dicksten Äste, das Laub wurde in Wolken zu Boden geschleudert, und die Blitze fuhren an den Stämmen herab.
Um nun seine Herde zu retten, lief der Hirte in seiner Not auf die Kirche zu. Er öffnete beide Torflügel und redete, indem er eine Kuh am Halsband faßte und sie vorausführte, den störrisch werdenden Tieren laut und lockend zu, sich in die Kirche zu flüchten. Seinem Hund, einem langhaarigen, schwarzen Neufundländer, bedeutete er, die Herde nachzutreiben. Tatsächlich hoben einige Kühe bereits die Hufe, um über die

steinernen Staffeln, die zur Kirche führten, emporzusteigen, und als die ersten endlich durch die Türe gegangen waren, folgten auch die anderen. Dicht aneinander gedrängt, schritten sie über das Pflaster dahin und füllten alle Gänge der Kirche. Im Hauptgang standen sie, zwischen den Betstühlen, in den Seitengängen, auch auf den Antritten der Altäre, überall, wo ein Platz war, suchten sie Schutz und Unterstand. Voll von Wetterangst, brüllten sie unaufhörlich. Über der geängstigten und bedrängten Kreatur ruhte reglos das schweigende Gewölbe der Kirche. All die Heiligen, die auf den Altären standen und von den Postamenten an den Wänden herabschauten, schienen, obgleich sie aus Holz waren, bis an das Herz erschrocken zu sein; die einen waren ganz blaß im Gesicht, andere hielten die frommen Hände gefaltet. Der Hirte stand vorne am Hauptaltar und überschaute von hier aus sorgenvoll seine Herde. Durch das Fenster fiel kaum mehr ein Strahl des Tages, nur die Blitze erhellten den dämmerigen Raum. Sicher wären, davon erschreckt, manche Kühe wieder aus der Kirche geflohen, wenn nicht hinten an der Türe der schwarze Neufundländer gewacht hätte. Sobald es eines der Tiere versuchte, zu entkommen, drängte er es wieder in die Kirche zurück. Dabei geschah es, daß sich eine Kuh mit den Hörnern in

jenem Glockenstrang verfing, der in der Nähe der Türe von oben herabhing; um sich aus dem Strang zu befreien, riß sie hin und her, und so fing die Glocke im Turm plötzlich zu läuten an. Der Hirte erschrak, doch es war ihm nicht möglich, jetzt durch die dichtgedrängte Menge der aufgeregten Tiere nach hinten zu kommen, und so läutete die Glocke trotz des furchtbaren Unwetters unentwegt fort.
Drunten im Ort, wo man noch immer dem Läuten der Glocke lauschte, glaubte man ein Notzeichen des Hirten zu erkennen. Die meisten Bürger wußten ihre Kühe dort droben, und keiner wollte die seinen zugrundegehen lassen. Doch war es längst unmöglich geworden, einen Weg zum Berg hinauf zu finden. Trieb doch das Wasser durch das Tal und sah bereits aus wie ein See, der alle vom Orte zum Berge führenden Wege sperrte. Es gab nur noch eine Möglichkeit: mit der Gemeindezille das treibende Wasser zu überqueren. Die Gemeindezille war ein großer Kahn, der jahraus, jahrein an der Wand eines alten Gemeindehauses unter einem kleinen Holzdach lag und nur bei Hochwasser in Betrieb gesetzt wurde.
Man hatte die Gemeindezille auch bereits zur Fahrt fertiggemacht, aber beim Anblick des drohenden Wassers wagte es vorerst niemand, das

Tal zu überqueren. Da sprang Jakob Dineiger als erster hinein und griff nach den Rudern. Er war infolge des noch immer strömenden Regens völlig durchnäßt; das Haar hing ihm ins Gesicht, das Hemd klebte an seinem Leib, und die Hose hing schwer nach unten. Doch was lag an all dem, wußte er doch, daß Christine mit den Ochsen draußen auf dem Feld war und die Herde ihrer Kühe sich drüben bei der Gemeindeherde befand. Während er hoffte, Christine selbst werde wohl im nahen Wald Unterschlupf gefunden haben, wollte er daheim alles tun, um ihre Kühe zu retten. Von seinem Mut bestärkt, sprangen nun auch etliche andere Männer in den Kahn, darunter ein Metzger in der weißen Schürze, der eben geschlachtet hatte und von seiner Arbeit weg zur Hilfe herbeigeeilt war; auch ein Wagner war dabei, ein etwas dürres, aber keineswegs erschrokkenes Männlein, das mit dem Wasser ebensogut fertig zu werden hoffte wie mit dem Buchenholz in der Werkstatt.

Die im Kahn Versammelten suchten nun so rasch als möglich das Tal zu überqueren, um drüben, wo die Glocke läutete, nach den Kühen zu sehen. Trotz des gefaßten Mutes und aller aufgewandten Geschicklichkeit aber war es ungemein schwierig, den Kahn in der gewünschten Richtung vorwärtszubringen, da das reißende und tobende Wasser das Schifflein immer wieder in die Richtung der Strömung zwang. So hatte man es schon an verschiedenen Stellen des Tales mit Hilfe von langen Stangen vergeblich versucht, über die Flut hinwegzukommen. Als man es aber schließlich weiter oben versuchte, in der Nähe einer Brücke, wo das Tal seitlich ausbuchtete und so die Gewalt des Wassers hemmte, schien man etwas vorwärtszukommen. Die Brücke selbst war nicht mehr zu sehen; die Geländerstangen waren längst überflutet oder gar mitgerissen worden.

»Laßt uns auf die Nepomukkapelle zutrachten«, sagte Jakob Dineiger, »von dort aus wird uns dann die weitere Fahrt schon gelingen.«

Die Nepomukkapelle stand inmitten des Tales, am Ufer des Flusses. Eigentlich war es gar keine Kapelle, sondern nur ein Mauerwerk, in dem sich eine Nische befand. Unter der Nische war alles festes Steinwerk, der obere, giebelige Teil war mit Juraplatten gedeckt. Jetzt war die Kapelle dicht vom Wasser umflossen, und man sah schon aus der Entfernung die Flut bis in die Nische spülen. Wie erschrak man aber, als man in die Nähe der Kapelle kam und bemerkte, daß die Nische leer war. Das Hochwasser hatte den hölzernen Heiligen emporgehoben und weggeschwemmt. »Das bedeutet nichts Gutes«, meinte der Metzger in der weißen Schürze und wischte sich über die Stirn; das Rudern hatte ihn ebenso wie die andern in die größte Anstrengung versetzt. »Hoffentlich hast du nicht recht«, erwiderte der Wagner; auch den andern Bürgern erschien das Fehlen des Wasserheiligen als kein gutes Zeichen. Jakob war zwar auch erschrocken, aber er sagte nichts. Er suchte nur alle Kraft aufzubieten, um den Kahn so an das Mauerwerk zu steuern, daß man sich dort eine Weile festhalten und etwas ausruhen konnte. Das Rauschen und Brausen des Wassers war unheimlich. Der Metzger, der Wagner und auch die übrigen anfangs so mutigen Männer hätten sich am liebsten in die Nische der Kapelle geflüchtet, um nicht noch weiter über das gefährliche Hochwasser rudern zu müssen. So wurde auch Jakob von mancherlei Gedanken bewegt, die er anfangs, bei der Abfahrt, gar nicht so recht kannte: Wenn man wirklich nicht über die Flut käme, wenn das Schifflein mitgerissen würde und alles mit einem Unglück endigte? Unwillkürlich dachte Jakob an Christine, und der Gedanke, auf dieser Fahrt umkommen zu können, beunruhigte ihn nur noch mehr. So wartete man, obgleich die Glocke auf dem Berg noch immer läutete, doch noch etwas im Schutz der Kapelle und schätzte dabei die gefährliche Strecke ab, die man noch zu überwinden hatte.

Währenddessen ertönte mit einem Male, mitten in das Läuten der Glocke und in das Brausen des Wassers hinein, ein Brüllen und Rufen, das alle Ohren und Augen nach der entgegengesetzten Seite richtete. Dort war ein kleines Seitental, der Falkengraben, durch den der Weg zu den auf den Höhen gelegenen Feldern und Wäldern führte. Schon bei einem gewöhnlichen Regenwetter schwoll das Wasser im Graben an, jetzt aber stieg die Flut bis an die Talhänge empor; von den Felsblöcken und den Schlehdornhecken am Wege war nichts mehr zu sehen, und das Wasser reichte bis zu den Haselnußstauden hinauf, die bereits an den oberen Hängen wuchsen; denn alles Wasser, das von den Höhen herabkam, sammelte sich hier zu einer treibenden Flut. Auf dieser Flut aber sah man etwas daherschwimmen. Es waren zwei Ochsen, an einen Wagen gespannt, und auf dem Wagen sah man eine Gestalt, die sich krampfhaft an beiden Leitern festhielt. Die dunklen Haare hingen ihr in Strähnen in das Gesicht. Sie war in sich gekauert, wie zum Sprung bereit, falls sich irgendwo eine rettende Stelle zeigen sollte. Jakob traute kaum seinen Augen; auch alle andern im Kahn waren sehr erschrocken, als sie in der auf dem Wasser dahertreibenden Gestalt Christine, die Tochter des verstorbenen Seilers, erkannten. Sie hatte, als das Unwetter losbrach, versucht, mit ihrem Ochsengefährt vom Feld aus durch den Falkengraben nach Hause zu kommen, die Flut jedoch überraschte sie und wühlte sich, von hinten her, unter den Wagen; von hier aus trieb sie den Ochsen zwischen den Beinen hindurch und war in kurzer Zeit so gewaltig, daß sie den Wagen samt den Tieren hochhob und mitriß. Die Ochsen fingen, als sie keinen Boden mehr spürten, zu schwimmen an; aber da sie an die Deichsel gekettet waren, konnten sie sich nicht befreien.

Eben trieb das Gefährt auf die Nepomukkapelle zu. Alle, die sich im Kahn befanden, sahen es mit Schrecken und dachten an nichts weiter mehr, als die Unglückliche zu retten. Besonders Jakob fühlte plötzlich wieder neuen Mut. Er wollte schon den Kahn von der Kapelle abstoßen und auf das Gefährt zurudern; doch der Metzger meinte, man werde so nur selbst von der Strömung mitgerissen; die schweren Ochsen und den Wagen zu halten, sei nicht möglich. Da der Wagner und die übrigen ebenso dachten und auch Jakob selbst die Unmöglichkeit seines Vorhabens einsah, kam er auf einen andern Gedanken. Er griff eine lange Stange, die im Kahn lag und dazu diente, um sich gegen die Fluten zu stemmen, und streckte sie der Unglücklichen, die immer näher kam, entgegen. Bald gelang es Christine,

das äußerste Ende zu fassen, und so zog man sie zwischen den Leitern des Wagens heraus und rettete sie, indem man das Stangenende mit vereinter Kraft immer näher an den Rand des Kahnes führte. Christine hatte noch gesehen, daß außer ihr nichts zu retten war und die Ochsen samt dem Wagen weitertrieben; dann war sie, von einer jähen Schwäche benommen, zusammengesunken. Da lag sie nun, naß und bleich, auf dem Boden des Kahnes. Jakob sprach kein Wort und bemühte sich nur, die Daliegende mit den Armen etwas aufzustützen, während alle übrigen Insassen sich anschickten, von der Kapelle weg an das sichere Ufer zurückzurudern. Die Kühe drüben auf dem Berge hatte man ganz vergessen, und erst auf der Rückfahrt blickten einige im Kahn wieder nach dem jenseitigen Uferberg aus. Da fiel es allen auf, daß die Glocke auf dem Turm plötzlich verstummt war.
Auf dem Berg hatte sich nämlich inzwischen folgendes ereignet. Der Kuh, die sich mit den Hörnern im Glockenstrang verfangen hatte, war es geglückt, sich zu befreien. Stumm und einfältig schaute sie vor sich hin. Sie hatte keine Ahnung davon, was alles durch sie geschehen war. Waren doch, von dem Läuten der Glocke gerufen, nicht bloß die Bürger in der Gemeindezille ausgefahren und hatten so Christine gerettet, es hatten sich

auch am unteren Ende des Ortes, dort, wo am erhöhten Ufer eine zweite Brücke über den Fluß führte, verschiedene Leute angesammelt. Während sie über die überschwemmte Brücke hinweg gegen die Kirche auf dem jenseitigen Uferberg blickten, hatten sie die beiden fortgeschwemmten Ochsen mit dem Wagen daherkommen sehen und sie, nachdem sie sich am Brückengeländer verfangen hatten, an das Land gebracht.

»All diese Ereignisse«, sagte mein Vater, »hatten etwas Tröstliches an sich inmitten des furchtbaren Unglücks. Das Wasser war dahergekommen wie eine neue Sintflut und hatte alles von unten nach oben gekehrt. In den Ställen sind manche Tiere, die nicht auf der Weide waren, ertrunken. Tische, Stühle, Betten und Decken blieben davongeschwemmt. Die Lebensmittel in den Kellern und Küchen waren vernichtet worden. Die Häuser waren durchnäßt und schimmelten. Einige waren dem Einfall nahe und mußten gestützt werden. Draußen auf den Feldern war alle Frucht zerstört, und das Erdreich war stellenweise so weit abgetragen worden, daß hier dieser Stein sichtbar wurde.«

Wenn ich damals, als mir mein Vater dies alles erzählte, auch schon zu den Großgewachsenen gerechnet werden konnte, wie klein war ich gegen diesen Stein! Er ragte hoch über mich empor.

Unbegreiflich fast erschien es mir, wie dieser Stein durch ein einziges Unwetter so mächtig aus der Tiefe heraustreten konnte. Etwas wie Staunen und Furcht zugleich ergriff mich. Es ergriff mich um so mehr, als es ringsum blühte und fruchtete. Der Himmel war wolkenlos blau. Man konnte es wirklich nicht fassen, daß auf derselben Stelle der Erde, auf der wir standen, einmal ein solches Unheil gehaust hatte. Der Vater war in Schweigen verfallen. Wortlos traten wir aus dem Feld und gingen lange so nebeneinander. Während ich die ganze Gegend samt dem Ort drunten überschaute, drüben am andern Berg die alten Linden betrachtete und die Kirche auf der Höhe, blickte ich auch öfters um; immer sah ich über die gesegneten Fluren jenen Stein aufragen, der aus der Tiefe gekommen war, und, von der Sonne bestrahlt, eigenartig leuchtete über dem unabsehbaren Ährenmeer.

Das Mädchen im Wald

Die Sommerferien hatten begonnen. Schon in den ersten Tagen hatte Karl, ein Studienfreund von mir, die enge Stadt verlassen, um im Hause seines Onkels, eines Landkaufmanns, jene Tage und Wochen zu verbringen, die ihm wie der Beginn eines anderen Lebens erschienen. Das alte Schulgebäude lag weit hinter ihm, die Türen, durch die er am Morgen in die kahlen, hallenden Gänge eintrat, waren geschlossen, keine schrille Glocke mahnte mehr an den Beginn der Stunde. Wie frei und scheinbar grenzenlos war die Welt geworden! Jeder Tag gehörte ihm, jeder Weg und Steig. Ob er am Fluß stand und die Wasser betrachtete, ob er dem Flug der Vögel nachhing oder auf den Wiesen all die bunten Blüten beschaute, die aus der Erde herauf in das Licht der Sonne drängten, überall schien sich eine lockende Schönheit um ihn aufzutun.

So war er geradezu beglückt, als er eines Tages aus dem Tal durch einen engen Hohlweg zu den weiten Höhen emporstieg. Der Fußweg führte ihn bald durch hohe Korn- und Weizenfelder, je-

nen Wäldern immer näher, die sich über Hügel und Berge hindehnten. Zwischen den hellen Buchen und den dunklen Fichten und Tannen waren da und dort an den Hängen jene Holzschläge zu sehen, auf denen sich in diesen Tagen die Erdbeeren zur überquellenden Fülle entfalteten.
Schon schien dem Wandernden ein überaus lokkender Duft entgegenzuwehen, als er, im Wald angelangt, den Holzschlägen immer näher kam. Wie es da vor seinen Augen zu leuchten anfing! Das Rot der Beeren wucherte inmitten des grünen Blattwerkes, und es gab nun nichts Eiligeres und Freudigeres zu tun, als sich von Platz zu Platz zu begeben und von all dem duftenden und wohlschmeckenden Überfluß zu pflücken. Karl nahm sich kaum mehr Zeit, das goldene Johanniskraut zu betrachten, das überall blühte, auch die hohen samtblätterigen Königskerzen und den blauen Apis beachtete er erst genauer, als er schließlich genug gegessen hatte und sich, wie um auszuruhen, inmitten des Schlages auf einem Baumstock niederließ.
Während er so in der herrschenden Stille um sich hersah, hörte er im nahen Wald ein leises Geräusch. Zuerst vermutete er, ein Vogel hätte sich im Astwerk der Bäume bewegt. Bald aber wurde das Geräusch lauter. Karl unterschied deutlich, wie sich Schritte auf der Erde bewegten, und

glaubte das Herannahen eines Rehs zu vernehmen. Reglos schaute er in der Richtung, aus der die Geräusche kamen. Wie verwundert war er, als er am Waldrand etwas völlig Schwarzes auftauchen sah. Es hatte einen langen, schief gehaltenen Kopf, einen vorgestreckten Bart, zwei gleichfalls schwarze Augen und darüber zwei Hörner. Es war eine Ziege. Ihre Blicke verfingen sich derartig in den Augen Karls, als sähe eins im Auge des andern jene Verwunderung, sich hier auf dem Holzschlag, mitten im Wald, zu begegnen. Da Karl sich noch immer nicht rührte, wandte das Tier schließlich den Blick, trat aus dem Wald weiter in den Holzschlag und begann am Blattwerk der Hecken und Sträucher zu rupfen. Nun erkannte Karl, daß der schwarze Gast ein Bock war; er war sichtlich seinen Geißen vorausgeeilt und als erster hier auf dem futterreichen Platz angekommen.

Tatsächlich dauerte es nicht lange, bis die Geißen hinter ihm erschienen; die eine war grau, die andere braun und die dritte schwarz wie er selber. Sie schienen gleichfalls verwundert zu sein, jemand hier im Holzschlag auf einem Baumstock zu sehen; indem sie den Kopf ausstreckten, fingen sie zu meckern an. Als sie jedoch in der Nähe des Bockes angekommen waren, beruhigten sie sich, und das

zahlreiche Blattwerk ringsum schien sie rasch abzulenken.
Karl hörte das Rupfen der Ziegen, sah, wie sie die Blätter der Hecken zerkauten, und war erstaunt, daß sich die kleine Herde hier im Walde so ganz ohne Hirten umhertrieb. Bald darauf sah er am Waldrand, etwas weiter entfernt, eine Gestalt stehen. Es war ein Mädchen. Sie befand sich noch zwischen den Stämmen des Waldes und hielt das Gesicht so sehr nach oben gewandt, daß sie den Dasitzenden vorerst gar nicht erblicken konnte. Es mutete an, als verfolge sie etwas im Astwerk der Bäume; als Karl zu gleicher Zeit einen Vogel hörte, der gerade dort, wo sie stand, seinen gurrenden Laut vernehmen ließ, glaubte er, daß auch sie die Stimme dieses Vogels aufmerksam verfolge. Ohne sich zu rühren, verblieb Karl auf seinem Baumstock und betrachtete das Mädchen. Ihr Haar fiel in dunklen Locken um das bräunliche Gesicht, und ihre junge Brust schien leicht auf und abzugehen, während sie das Gurren des Vogels unverwandt belauschte. Sie hatte einen Stecken auf die Erde gestellt, und es sah aus, als wollte sie sich, während sie noch immer lauschte, etwas darauf stützen. Als der Vogel aber plötzlich davonflog, über den Schlag hinweg, blickte sie ihm nach und wandte die Augen erst, nachdem

der Vogel bereits entschwunden war. Es war eine Wildtaube gewesen.
Nun kehrte das Mädchen den Blick den Ziegen zu, und da sich die Tiere, zu einer Herde geschart, der Weide hingaben, ging sie, in gerade entgegengesetzter Richtung von Karl, am Waldrand weiter. Karl sah, wie schlank und erwachsen sie war; dann und wann blieb sie stehen und beugte sich zur Erde, um Erdbeeren zu pflücken. Eben hatte sie sich ganz in das Gras niedergelassen, und Karl vermutete, das Mädchen sei an einen besonders reichen Erdbeerplatz gekommen. Doch da fiel es dem Spähenden auf, daß sich ihre Hand gar nicht mehr bewegte und sie auch nicht eine Beere mehr zum Mund führte. Sie schien nur reglos vor sich hinzuschauen und etwas zu betrachten. Die Sonne spielte auf ihrem dunklen Haar, bis das Mädchen schließlich aufstand und mit dem Stecken überaus vorsichtig nach derselben Stelle ausgriff, die sie offenbar bis jetzt betrachtet hatte. Sie machte eine ruckartige Bewegung, und fast im selben Augenblick schwang das Mädchen das Ende des Stocks aus dem Waldboden zur Höhe. Karl sah, wie sich am Stockende etwas bewegte, sich schlängelte und wand und gleich darauf wieder zur Erde fiel.
Die Neugierde bewog ihn, sein lautloses Abwarten aufzugeben und den Baumstock zu verlassen.

Zwar nahm Karl noch jeden Schritt in Obhut, als sollte ihn die Abgewandte auch jetzt noch nicht sehen, und schritt immer näher auf sie zu. Sie hatte aber doch sehr rasch seinen Schritt vernommen und wandte sich nach ihm. Während er vor sie hintrat, um sie nach dem zu fragen, was seine ganze Aufmerksamkeit erregt hatte, sah sie ihn wortlos an. Plötzlich lächelte sie. Ein so offenes Lächeln stand in ihrem Gesicht, als wäre sie von einer schattenlosen Freude erfüllt.

»Was hast du denn hier aufgestöbert?« fragte Karl.

»Nichts weiter«, erwiderte sie, und das Lächeln stand unverändert in ihrem Gesicht. »Es war nur eine junge Natter.«

»Eine Natter?« wiederholte er.

»Warum?« fragte sie, und ihr Lächeln schien sich nur zu festigen.

»Fürchtest du dich nicht vor den Nattern?« fragte Karl.

»Fürchten?« wiederholte sie. »Warum soll ich mich vor einer Natter fürchten?«

»Sie könnte doch giftig sein«, sagte er.

»Ach, giftig«, erwiderte sie. »Und wenn auch«, fügte sie ihrer Rede hinzu, »was macht das schon? Es gibt viel Giftiges hier im Wald: Kräuter, Blumen, Schwämme; aber deswegen ist das doch nicht gefährlich.«

Karl schaute sie fast etwas bewundernd an, und da sie merkte, wie sein Blick auf ihr ruhte, kehrte sie die Augen den Ziegen zu.
»Was der Bock nur wieder hat!« rief sie.
Übermütig sprang er zwischen den Ziegen umher. Er, der vor kurzem noch so still und abwartend aus dem Wald getreten war, schien ganz verwandelt zu sein. Man hörte, wie er meckerte, und seine Augen schienen zu blitzen.
Das Mädchen lief weg, schwang den Stecken und suchte den Bock zur Ruhe zu bringen. Bald grasten die Ziegen auch wieder friedlich weiter, und das Mädchen, das in ihrer Nähe blieb, beugte sich von neuem zur Erde, um Beere um Beere zum Munde zu führen.
Um Karl schien sie sich gar nicht weiter zu kümmern; erst als er den Holzschlag verlassen und sich irgendwo im Wald hinter einem Baum verborgen hatte, um nach ihr auszuspähen, sah er, daß auch sie sich nach ihm umgewandt hatte und prüfte, wohin er gegangen sei.
Immer wieder dachte Karl an dieses Mädchen, während er über den Berghang hinabstieg. Es war nicht bloß die schöne jugendliche Gestalt, die ihn beschäftigte, auch das natürliche, unerschrockene Wesen war ihm aufgefallen. Wenn er längst mit ihr befreundet gewesen wäre, hätte kein offeneres Lächeln in ihrem Gesicht sich zei-

gen können. Der Blick, der ihn getroffen hatte, schien etwas unwiderstehlich Lockendes zu haben, und dieses Lockende schien um so stärker zu sein, als das Mädchen sich von ihm abgewandt und doch heimlich nach ihm ausgesehen hatte.

Während Karl an all dies dachte, merkte er, daß er auf einer ganz anderen Seite des Waldberges herabgekommen war. Er blieb stehen und sah um sich her, um den Weg zu finden. Nicht allzuweit entfernt erblickte er ein uraltes Haus. Es lag an einem Hang, gerade dort, wo der Wald aufhörte und die Felder begannen. Je näher Karl dem Hause kam, desto deutlicher bemerkte er, wie der Mörtel teilweise von dem Gemäuer abgefallen war und die rauhen, grauen Felssteine hervorsahen. Die Fenster waren klein und vergittert, das Dach war mit Schindeln gedeckt, über das Dach empor ragten die Wipfel etlicher Buchen, die vor dem Hause standen und es beschatteten. Am hinteren, dem Wald zugekehrten Teil des Hauses befand sich ein alter Holzschuppen. Karl merkte, als er daran vorbeikam, daß es ein Ziegenstall war. Die Türe stand offen, der Stall war leer. Sollten die Ziegen, die er droben auf dem Waldberg gesehen hatte, wohl in diesen Stall gehören, und sollte das Mädchen hinter diesen Mauern zu Hause sein? Fast lauernd ging Karl

weiter, ob er niemand sähe am Haus; doch es zeigte sich nichts. Da er auch nichts hörte, hatte Karl den Eindruck, als ob das Haus verlassen wäre. Die Türe war zu, die Fenster waren geschlossen. Neugierig umschritt Karl das Haus und kam, am Hang hinab, an die vordere Seite. Hier erhob sich die Giebelmauer. Sie war weit höher als alles andere Gemäuer; genau gesagt: Die Mauer senkte sich, da hier der Hang den tiefsten Punkt erreichte, weiter auf den Grund hinab. Am untersten Teil dieser Giebelmauer zeigte sich eine alte Türe und darüber, etwas seitlich, ein kleines Fenster. Es wurde beim ersten Anblick klar, daß es sich hier um einen Keller handelte. Offenbar machte der in den Hang hineingebaute Keller den größten Teil des Hauses aus; ja, es schien, als ob der obere, zum Wohnen dienende Teil nur als nebensächlicher Aufbau daraufgesetzt worden wäre. Während Karl dies alles immer genauer betrachtete, fiel ihm auch ein tiefer Mauerriß auf. Er zog sich vom Giebel bis zur Eingangstür und war an manchen Stellen so breit, daß man eine flache Hand hätte hineinlegen können. Fast sah es aus, als wollte der Giebel auseinanderstreben.
In Gedanken ging Karl weiter. Ein schmaler Weg führte durch ein Getreidefeld, das in goldener Reife im Licht des Sommers stand. Der rote

Mohn schlug wie eine hundertfältige Flamme der Erde zwischen den Halmen empor. Da und dort hatten sich grüne Winden um die Halme geschlungen und strebten bis zu den reifen Ähren hinauf. Eine blaue Kornblume schien machmal zu zittern, eine violette Rade schwankte bisweilen hin und her.

Am Rand des Feldes, wo sich der mit kurzem Gras bewachsene Weg zu einem Rain erhöhte, sah Karl in einiger Entfernung eine Gestalt, die seine Aufmerksamkeit nicht weniger in Anspruch nahm als eben vorher das Mädchen droben im Wald. Der Alte, der in verschlissenen und verfalteten Kleidern am Boden lag, hatte eine auffallend große, kahle und gebräunte Stirn, eine schmale, scharf gebogene Nase und einen überaus langen und dunklen Bart. Er hatte die Hände unter den Kopf geschoben, das eine Bein angezogen und zum Knie gebeugt, das andere von sich gestreckt. Er schien sich auch nicht aus seiner Lage bewegen zu wollen, als ihm Karl immer näher kam. Zwar reckte er leicht den Kopf, wie um zu sehen, wer da des Weges komme, aber gleich darauf legte er den Kopf wieder auf seine Hände. Schon wollte Karl grüßen, aber da der Alte die Augen geschlossen hielt, gleichsam zum Zeichen, daß er auch durch keinen Gruß gestört sein wolle, ging Karl wortlos vorüber.

Wie Karl nach seiner Heimkehr im Hause seines Onkels erfuhr, war der Daliegende der Vater jenes Mädchens gewesen, das er oben auf dem Waldberg kennengelernt hatte. Seit ungefähr einem Jahr lebte der Alte mit seiner Tochter in dem einsamen Haus am Waldrand. Ehemals war das Haus ein Bierkeller gewesen und jahrelang nutzlos dagestanden, nachdem die Brauerei neue Keller im Ort errichtet hatte. So war das Gemäuer immer mehr verfallen. Auch der Alte hatte, seit er mit seiner Tochter Luise dort eingezogen war, nichts richten lassen. Wer der Zugezogene eigentlich war, wußte man nicht recht. Er galt allgemein als ein seltsamer Mensch, der sich mit niemand einließ. Nur das wußte man, daß er vordem in einem kleinen Ort gelebt hatte, der ungefähr fünf Stunden von hier entfernt im nächsten Flußtal lag. Auch wußte man, daß seine Frau dort gestorben war.

Der Himmel war wolkenlos wie am Vortag, und die Sonne schien hell durch das dichte Buchenlaub, als Karl am nächsten Tag wieder über den Hang des Waldberges emporstieg. Hundert und aberhundert Lichter spielten im Gezweig, an den glatten Baumrinden und am moosigen Waldboden, als hätte die Sonne des Himmels sich hier zauberisch vervielfacht. Der Efeu, der sich um die Stämme wand, erglänzte, es leuchtete das

Felsgestein am Hang, und selbst alte, am Boden liegende Äste und Zweige suchten noch etwas von diesem sommerlichen Glanz zu erhaschen. Ein Vogel, der unter dem Laubwerk dahinflog, leuchtete bisweilen auf wie ein geheimnisvoller Funke, um dann ebenso schnell im Schatten wieder zu entschwinden.
Als Karl endlich an den Holzschlag kam, wo er gestern Luise mit ihren Ziegen angetroffen hatte, ging er sehr vorsichtig und leise. Schon von weitem begann er zu spähen, ob er nirgends den schwarzen Bock oder eine der Ziegen entdeckte; doch er bemerkte eine Weile nichts als etliche Schmetterlinge, die über den sonnigen Schlag hinwegflogen und sich bald da, bald dort auf einer Waldblume niederließen. Während er so einen hellen, gelben Zitronenfalter verfolgte und sah, wie dieser sich senkte, war Karl verwundert, unter dem Falter etwas anderes als Kräuter und Blumen wahrzunehmen. Es war Luise. Reglos lag sie mit dem Rücken und dem Kopf auf der Erde. Offenbar schien Luise irgend etwas zu behorchen oder zu betrachten. Da sah Karl auch schon, wie sie den Stengel einer Blüte zwischen den Lippen hielt und immer in derselben Richtung nach oben blickte. Es war ein Johanniskraut. Auf dem oberen, blühenden Ende saß der Schmetterling, den Karl eben noch im Flug gesehen hatte.

Nachdem eine gewisse Zeit vergangen war und der Falter immer noch nicht fortfliegen wollte, dachte Karl, ob er sich nicht doch durch einen Laut bemerkbar machen oder sich gar mit leisen Schritten dem Mädchen nähern solle. Der Gedanke, Luise plötzlich an der Hand zu fassen und sie emporzuheben, um so eine vertrautere Bekanntschaft mit ihr zu schließen, verlockte ihn. Jedenfalls mußte er sich bei diesem Gedanken irgendwie bemerkbar gemacht haben, denn das Mädchen fuhr erschrocken auf. Karl sah auch, wie der gelbe Falter davonflog, und gleich darauf bemerkte er, wie das Mädchen aufrecht auf beiden Beinen stand und verwundert vor sich hinsah.
»Ach, du bist es«, sagte sie. »Nun wäre ich beinahe erschrocken.«
»Erschrocken?« wiederholte Karl. »Du, die sich nicht einmal vor einer giftigen Natter fürchtet?«
Luise blickte den Sprechenden an und zeigte wieder ein ähnliches Lächeln wie gestern.
Eine kleine Weile schien es, als wüßte keines von beiden recht, was es weitersprechen sollte.
Da begann Karl wieder: »Du hast wohl vorher prüfen wollen, wie lange der Schmetterling auf deiner Blüte sitzen bleibt?«
»Schmetterlinge bleiben nie lange sitzen«, entgegnete Luise. »Schon bei der kleinsten Bewegung fliegen sie davon.«

»Du kennst wohl die Schmetterlinge ebenso wie die Nattern?«
»Sie gefallen mir«, erzählte Luise. »Wie unruhig sie daherkommen und wie reglos sie dann verharren. Ich wage gar nicht mehr zu atmen, wenn sich über meinem Gesicht einer auf die Blüte setzt.«
Wieder sah Karl das Mädchen betrachtend an.
»Du hast heute deine Ziegen gar nicht bei dir?« fragte er.
»Doch«, erwiderte sie. Dabei beugte sie sich zur Erde, um die rotprangenden Erdbeeren, die vor ihr dastanden, zu pflücken.
»Die Ziegen sind dir wohl wieder davongelaufen?« fuhr Karl fort. »Der Bock scheint überhaupt manchmal etwas übermütig zu sein.«
»Wie die Beeren süß sind«, sagte Luise. »Soviel wie heuer hat es lange nicht gegeben.«
Nun beugte sich auch Karl zur Erde. Er kostete von den Beeren, als wollte er nicht bloß ihre Süßigkeit schmecken, sondern in ihnen auch die ganze Wärme des Sommers auf der Zunge spüren. Bald aber fing er an, die Beeren in der Hand zu sammeln, und als die ganze Hand voll war, trat er vor Luise hin und zeigte ihr den Berg von roten Früchten.
»Die mußt du nun auf einmal essen«, sagte sie. »Dann weißt du erst, wie süß und gut sie sind.«

Da hielt Karl ihr auch schon die volle Hand an den Mund. Das Mädchen wich etwas zurück, doch als er ihr die Hand wieder näherte, begann sie die Beeren zu schlürfen. Dabei lachte sie, und ihr Lachen wurde unerwartet laut, als Karl mit einem Male erschrak. Der schwarze Bock war nämlich herbeigeeilt, ohne daß ihn Karl beachtet hatte, und Karl hatte den Eindruck, als wollte ihn das Tier überrennen. Er machte deshalb einen Sprung zur Seite, wobei die letzten Beeren, die noch in seiner Hand waren, zur Erde fielen.

»Ach, du fürchtest ihn wohl gar?« rief Luise, noch immer lachend, packte den Bock an den Hörnern und schwang sich, um ihn auch noch durch das Gewicht ihres Körpers zu zähmen, auf seinen Rücken. Der Bock freilich lief weiter, und so flog sie denn mit ihm dahin, über den Schlag hinweg, bis an den Waldrand, wo sie auf dem Schwarzhaarigen zwischen den Stämmen entschwand.

Von nun an kam Karl jeden Tag in den Wald. Wenn er auf dem Weg zufällig einmal dem Alten begegnete, wich er ihm stets aus, denn er hatte den Eindruck, als ginge von dem Schweigenden und Abgewandten etwas Unheimliches aus. Was für ein Gegensatz! dachte er; dieses frische, ursprüngliche Mädchen und dieser Vater!

Eines Tages befanden sich die beiden, während die Ziegen abseits weideten, wieder auf dem Erdbeerschlag am Rande des Waldes. Sie standen nahe beieinander und hatten den Blick zu Boden gewandt. So sehr schien Luise in ihrer Betrachtung versunken zu sein, daß sie es in ihrer immer mehr hingebeugten Haltung scheinbar gar nicht beachtete, wie Karl seinen Arm leicht um ihren Nacken legte. Ach, wie es da kroch am Boden, auf demselben dunklen Boden, aus dem die bunten Blumen und die duftenden Früchte hervorkamen; ein Käfer war es, ein Käfer mit roten Flügeln und schwarzen Zeichnungen darauf; er kroch bald geradeaus, bald nach links und rechts, und dicht hinter ihm folgte ein zweiter, ebenso rot wie er und mit den gleichen schwarzen Strichen und Punkten versehen. Der vordere Käfer schien halb auf der Flucht zu sein und doch halb zu warten, während der hintere alle Kraft aufwandte, um über alle dürren Zweiglein hinweg und durch alle Halme und Kräuter hindurch den vorderen zu erreichen. Tatsächlich gelang es dem Verfolger auch, sich dem Verfolgten völlig zu nähern. Merkwürdig, wie da die beiden Käfer reglos stehenblieben. Ihre Fühler standen wie Antennen in die Luft, als wären sie dazu bestimmt, einen dunklen, aber unsagbar süßen Ton aus dem Unbekannten aufzufangen. Luise wandte, während sie diese reglosen Tiere betrachtete, das Gesicht halb zu Karl empor, um gleich darauf den Blick wieder auf die beiden Käfer zu senken. Karl war von diesem Blick des Mädchens so sehr benommen, daß er, als er kurz darauf bemerkte, wie die beiden Käfer sich völlig näherten, zu zittern anfing.

In diesen Tagen verdichtete sich die Hitze immer mehr; als sollten sich alle Blumen immer lockender entfalten, alle Früchte immer runder und reifer werden, die Falter sich wiegen im Gold der Sonne und alle Käfer sich tummeln vor Glück. Die Wolken am Himmel schienen sich wie in einem ewigen Blau aufgelöst zu haben. Selbst der leiseste Windhauch hatte sich hinter den Büschen und Bäumen verkrochen, wo die müden Schatten ohnmächtig waren gegen den glühenden Hauch des Sommers.

»Horch nur, wie es summt!« sagte Karl an einem dieser heißen Tage, nachdem er eine Zeitlang schweigend neben Luise im Gras gesessen war und den Bienen und Hummeln zugehört hatte. »Wie eine merkwürdige Musik ist das.«

Luise neigte gleich ihm das Ohr, aber sie sagte kein Wort. Sie ergriff nur einen Grashalm und zog ihn, während sie sich plötzlich erhob und suchend nach den Ziegen ausschaute, durch den Mund. Es war etwas auffallend Unruhiges an ihr, und obgleich diese Unruhe scheinbar nur aus der Sorge um ihre Tiere entsprang, fühlte Karl

doch zu deutlich, daß sie ganz andere Ursachen hatte.
»Der Bock!« sagte Luise, wie um Karl zu täuschen; dabei stand sie ohne Regung da und schaute nach den Tieren.
»Der Bock?« fragte Karl. »Er weidet doch ganz ruhig dort bei den Ziegen.«
Luise blickte Karl an und schwieg, und als Karl gleichfalls schwieg, sagte sie: »Was ist das? Horch!«
»Ich höre immer nur dasselbe«, erwiderte Karl. »Nur immer das gleiche Summen der Bienen und Hummeln. Niemand ist in der Nähe.«
Wortlos schaute Luise vor sich hin.
Da faßte Karl sie an der Hand, um sie an sich zu ziehen. Sie schien sich halb zu wehren und ihm doch halb entgegenzukommen. Als Karl sie nicht losließ, geschah es, daß sie ihn mit beiden Armen umfaßte und ihr Herz so sehr an sein Ohr drückte, daß er nichts mehr hörte als den Gang ihres Blutes und mit ihr, Mund an Mund, auf die blühende Erde fiel.
Nichts vermag einen jungen Menschen wohl mehr zu bewegen als das Erlebnis der Liebe. Sie verwirrt ihm alle Sinne, bis sie ihn völlig in ihren Bann gezwungen hat. Als hätte Karl andere Augen bekommen und andere Ohren, ja, als wäre er selbst ein anderer geworden, so schien es ihm.

Hatte er doch kein anderes Verlangen mehr, als sich den immer süßeren Lockungen hinzugeben. Tag und Nacht waren seine Gedanken nur mehr davon erfüllt, und diese Gedanken waren stark wie die Sonne am Himmel, die die sommerliche Hitze zu einer alles überwältigenden Schwüle steigerte. Das Blau des Himmels überzog sich bisweilen mit einer dunstigen Silberschicht; Bäume, Sträucher, Gras und Kräuter standen erstarrt, und die glühende Erde öffnete sich zu lechzenden Rissen. Wo noch ein Schmetterling flog, glaubte man die Spuren der Flügel sehen zu müssen, so dicht schien die Luft über allem geworden. Reglos lagen die Nattern im Licht und schlossen sich zu gleißenden Ringen. Die Eidechsen stiegen aus der dunklen Tiefe der Erde herauf, um wie lockende Smaragde in der Sonne zu glänzen. Diese Schwüle wurde um so fühlbarer, als Karl Dinge erlebte, die seine innere Verwirrung nur noch verstärkten. Eines Tages nämlich, gerade bevor er wieder heimlich in den Wald gehen wollte, befand sich Karl im Wohnzimmer seines Onkels und schaute durch die bunte Glastüre, die zum Laden führte, als wollte er den Onkel, der einen Kunden bediente, vor seinem Weggang erwarten. Nie noch hatte Karl diese bunten Glasscheiben so aufmerksam betrachtet wie heute. Rote und grüne Linien, Sterne und kreuzartige Gebilde schlangen sich vor seinen Augen ineinander. Da er infolgedessen nicht deutlich sehen konnte, mit wem der Onkel im Laden sprach, öffnete Karl kaum hörbar die Tür und blickte und horchte durch den so entstandenen Spalt. Nun gewahrte er deutlich einen ländlich aussehenden Mann, der, seinen staubigen Stiefeln nach zu schließen, wohl weit hergekommen war. Anfänglich dachte Karl, der Kunde sei ein Bauer aus der Gegend, wie fast alle Kunden, die hierherkamen, und wollte, in der Hoffnung, daß der Onkel wohl bald aus dem Laden komme, die Tür bereits wieder schließen. Da vernahm er aus dem Munde des Fremdlings plötzlich den Namen von Luisens Vater; aufmerksam behorchte Karl das Gespräch und entnahm den Worten des Fremden, daß er aus jenem Tal herübergekommen sei, wo der merkwürdige Alte früher gewohnt hatte.

»Was der Alte einmal war«, erzählte der Kunde, »erfuhr man nie genau; die einen sagten, er sei Maler gewesen, andere meinten, daß er mit Bildern gehandelt habe. Als er mit seiner Frau in unsere Gegend kam, mußte er jedenfalls nicht unvermögend gewesen sein; denn er kaufte sich dort an und brauchte nie ein Geld von andern Leuten.«

»Er ist wohl aus der Stadt gekommen?« fragte der Onkel.

»Es ist wohl so gewesen«, erzählte der Befragte weiter. »Denn es kam von Zeit zu Zeit noch ein anderer, ein junger Mann, aus der Stadt und blieb öfters in unserer Gegend. Warum er kam, wußte bald jedermann. War doch die Frau des Alten noch überaus jung, ja, sie hätte ihrem Aussehen nach seine Tochter sein können. Wahrscheinlich ist der Alte aus Angst um sie aus der Stadt weggezogen.«
»Und der junge Mann kam immer wieder, sagt Ihr?«
»Immer wieder, ja, ja«, bestärkte der Fremdling. »Bis eines Tages das Unglück fertig war.«
»Das Unglück?« fragte der Onkel erstaunt.
»Nun ja, wie es eben so geht. Es kam zum Streit zwischen den beiden Männern, und dabei verletzte der Alte im Zorn den Jungen so sehr, daß der Unglückliche einige Tage darauf starb.«
Nach diesen Worten trat eine längere Pause zwischen den beiden Sprechenden ein. Dann hörte Karl, wie der Onkel betroffen sagte:
»War denn die Frau auch wirklich schuld an der ganzen Geschichte?«
»Man wurde nie ganz klug daraus«, erzählte der Kunde. »Der Alte hat sie nach wie vor sehr geliebt. Er konnte offenbar nicht leben ohne sie. Es hat sich sein Verhältnis zu ihr auch nicht geändert, als er aus dem Gefängnis kam. Immer war er bei ihr zu Hause und ging nie unter die Leute.«

»War seine Tochter damals schon geboren?« forschte der Onkel, »als sich dieses Unglück zutrug!«

»Sie war schon neun bis zehn Jahre alt«, erzählte der Fremdling, »und ein sehr gewecktes Kind. Die Leute sagen, daß sie ihrer Mutter ähnlich sieht wie ein Ei dem andern.«

»Die Mutter lebt nicht mehr, erzählt man sich hier. Wißt Ihr darüber Näheres?« fragte der Onkel.

»Sie ist vor ungefähr eineinhalb Jahren gestorben«, berichtete der Gefragte. »Deswegen ist der Alte mit seiner Tochter wohl auch aus unserer Gegend weggezogen. Er wollte offenbar das Haus nicht mehr ohne seine Frau bewohnen. Vielleicht aber wollte er auch sein Kind, nachdem es herangewachsen war, in eine andere Gegend bringen. Sie wissen ja, wie das ist, wenn einer einmal im Gefängnis war. Es hängt einem an wie der eigene Schatten. Die Leute reden immer davon.«

»Wenn einer einmal im Gefängnis war«, bestärkte mein Onkel, »fürchten die Leute eben, es könnte wieder etwas Ähnliches durch ihn geschehen, was schon einmal geschah. Wer vermöchte den Abgrund eines Menschen auch ganz zu durchschauen!«

Karl sah noch, wie der Onkel versonnen vor sich hinblickte, die Schere auf dem Ladentisch ergriff

und sie wie aus Verlegenheit ein paarmal auf- und zuklinkte.
Karl selbst hielt sich überaus still, ja, er atmete kaum. Er hatte ein ganz heißes Gesicht und flimmernde Augen. Die buntbemalten Scheiben der Türe lösten sich zu einem wirren Farbfleck auf. Ohne die Türe zu schließen, schlich er auf Zehenspitzen davon, aus dem Wohnzimmer in das Freie hinaus, als sollte der Onkel glauben, er wäre schon längst fortgegangen.
Obgleich noch erschrocken über das, was er durch den Spalt der leicht geöffneten Glastüre gehört hatte, schlug er den Weg doch wieder in die Richtung zum Walde ein. Sein Weg führte ihn, wie jeden Tag, durch den Hohlweg, der sich aus dem Tal allmählich zu den Höhen emporzog. Nie hatte er auf diesem Weg je zuvor alles so genau gesehen wie heute. Hatten nicht die Felsen an den Hängen, je mehr er sie betrachtete, die merkwürdigsten Gesichter? Sogar das Gesicht des Alten, von dem er heute die unerwartetsten Dinge gehört hatte, schien ihm aus dem Felsgestein überaus deutlich entgegenzukommen. Karl bemerkte die große, kahle Stirn, die gebogene Nase sowie den langen Bart. Auch glaubte Karl etwas wahrzunehmen, was er bis jetzt eigentlich noch nie genau gesehen hatte: zwei ungemein scharfe, fast stechende Augen. Unwillkürlich blieb Karl stehen und beschaute immer wieder

das Gesicht im Felsgestein. Er ging etwas nach links, etwas nach rechts, er begab sich einige Schritte vorwärts und wich wieder etliche Schritte zurück. Merkwürdig: das Gesicht blieb und schaute ihn unverwandt an.

Dutzendmal war Karl hier nun vorübergegangen, und noch nie hatte er dieses Gesicht bemerkt. Doch so deutlich er das Gesicht auch wahrnahm und wie eine Hemmung fühlte, er ging trotzdem weiter, an dem Felsen vorüber, dem Wald zu. Eine unwiderstehliche Macht schien ihn vorwärts zu ziehen; denn ebenso deutlich wie das Gesicht im Felsen, ja, noch eindringlicher, sah er im Geiste das Bild Luisens vor sich. Wie sie an seinem Halse hing, wie sie ihre Brust an sein Ohr drückte, wie sie ihn küßte, dies alles zog ihn noch mächtiger an als ihn alles, was er über ihren Vater gehört hatte, hemmen konnte. Seine Schritte wurden immer schneller, der Schweiß trat immer deutlicher auf seine Stirne. Freilich blickte er, als er an den Waldrand kam, vorsichtiger um sich als je zuvor; aber da es einsam und still blieb, wie es immer war, eilte er den Berghang mehr hinauf als er ging. Kaum war er in der Nähe des Erdbeerschlages angekommen, wo er Luise täglich traf, glaubte er sie schon irgendwo auf ihn warten zu sehen und war deshalb sehr erstaunt, als er weder das Mädchen noch eine ihrer Ziegen entdeckte. Er ging im Schlage auf und ab, er trat in den Wald, suchte da und dort, und als alles Suchen vergeblich war, suchte er sich durch alle möglichen Geräusche bemerkbar zu machen. Doch es antwortete nichts darauf, kein Gesicht erschien, keine Stimme ließ sich hören.

So wuchs die Sehnsucht in ihm nur immer unwiderstehlicher an. In seiner Unruhe, bald dahin, bald dorthin, schlug er den Arm um den Stamm eines Baumes, preßte seine Brust an die glatte Rinde und den Mund auf das harte Holz. Eine Leidenschaft hatte den jungen Menschen erfaßt, daß er schon damit spielte, alle Grenzen zu überrennen und sich auf der anderen Seite des Berges bis an das Haus Luisens zu schleichen. Zwar hemmte ihn dann wieder all das, was er heute gehört hatte, und er fing von neuem im Walde zu suchen an. Schließlich war er ganz in Schweiß gebadet und so müde, daß ihn die Füße kaum mehr trugen.

Am nächsten Tag — er hatte eben durch das Fenster des Wohnzimmers gesehen und darüber nachgedacht, was er tun könnte, falls er Luise heute wieder nicht finden sollte — erblickte er sie plötzlich draußen auf der Straße. Sie trug einen Korb am Arm, um einzukaufen. Karl fiel es auf, daß sie auf dem Weg sehr unruhig und unent-

schlossen war, als wollte sie überlegen, wohin sie gehen sollte. Auch sah er, wie sie mehrmals heimlich nach seinem Fenster ausblickte. Als er dann nach einer Weile aus dem Haus trat, so, als hätte er sie zuvor gar nicht bemerkt, benahm sie sich auffallend schüchtern, wie er sie bisher nicht gesehen hatte. Sie tat, als kenne sie ihn kaum. Karl hielt sich deshalb nicht lange auf, sondern verließ den Ort, um sie auf dem Heimweg draußen im Hohlweg zu treffen. Sie hatte wohl dasselbe erwartet, denn als er auf einem Felsen saß und sie endlich näherkommen sah, merkte er, wie sie um sich blickte, ob niemand in der Gegend sei; als sie sich mit Karl allein wußte, beeilte sie sich, zu ihm zu kommen. Sie nahm ihn, noch ehe er etwas sagen und sie fragen konnte, warum sie gestern nicht gekommen sei, fest bei der Hand, sah ihn mit einem offenen, fast brennenden Blick an und biß ihn, als er dennoch etwas sagen wollte, plötzlich in die Hand. Ja, sie biß ihn in die Hand, als wollte sie ihn durch diesen Biß dazu bringen, etwas ganz anderes zu sagen als das, was er sagen wollte. Überhaupt merkte er, daß sie innerlich sehr bewegt und von einer merkwürdigen Hast erfüllt war. Immer wieder schaute sie um sich her, ob niemand sie belausche, und da Karl aus alldem ahnte, daß etwas vorgefallen sei, sagte er:
»Sieh einmal jenen Felsen an!«

»Was soll ich denn sehen?« erwiderte Luise unruhig.
»Siehst du nicht ein Gesicht dort?« fragte Karl.
»Ein Gesicht? Nein.«
»Aber das Gesicht ist doch ganz deutlich«, bestärkte Karl. »Oben die Stirn, darunter die scharf gebogene Nase und darunter der lange Bart.«
Nun stand Luise einen Augenblick reglos da, fast wie ein Reptil, das spähte.
»Ach«, sagte sie, »das ist nichts Besonderes. Solche Figuren sieht man oft in den Steinen.«
»Aber das Gesicht«, erklärte Karl, »sieht doch gerade aus wie das deines Vaters!«
Luise schien das Bild nochmals zu betrachten und schwieg. Plötzlich wandte sie Karl das Gesicht zu. Aber sie sprach kein Wort.
Wieder spähte sie um sich her, und dann erst sagte sie: »Der Vater muß gemerkt haben, was zwischen uns ist. Er ließ mich gestern nicht aus dem Haus, als ich mit den Ziegen fort wollte.«
Obgleich Karl so etwas geahnt hatte, war er über diese Mitteilung doch sehr erschrocken. Schweigend und ratlos schaute er vor sich hin.
Auch Luise schwieg eine Weile; um so entschiedener aber sagte sie: »Wir werden uns trotzdem sehen!«
Während Karl das Mädchen verwundert anblickte, fuhr sie fort: »Du kennst die alte Tür vorne

am Giebel unseres Hauses. Ich meine die Tür, die in den alten Bierkeller führt. Fast nie betritt jemand diesen Raum. Wenn die Tür halb offen steht, so weißt du, daß ich auf dich warte.«

Was für Gefühle und Gedanken, was für ein Verlangen und zugleich was für Ängste den jungen Menschen nun bewegten, nachdem das Mädchen von ihm weggeeilt war, um nach Hause zu kommen. Stand nicht das Leben vor ihm, lockend wie nie, und rief ihm zu: Komm! Während sich zugleich die dunklen und geheimnisvollen Schatten desselben Lebens hemmend in seinen Weg stellten? Es war eine Schwüle in ihm wie ringsum in der Natur, in der alles brütete unter der heißen Sonne, in der alles gleißte und leuchtete. Halb brennend vor Glück und halb vor Verzweiflung, ohnmächtig, den süßen Lockungen zu widerstehen, trieb es ihn noch am selben Tag in die Nähe des alten Hauses. Vorsichtig schlich er sich am Waldrand entlang, verbarg sich da und dort in den Ährenfeldern, bis er endlich die Türe sah, die Türe am vorderen Giebel, dicht unter dem tiefen Riß, der sich von oben bis unten durch das Gemäuer zog. Sein Herz schlug unbändig, und seine Hände zitterten, als er tatsächlich die Türe halb offen sah. Alle Überlegungen traten zurück, so sehr benahm ihn der offene Spalt der Türe. Völlig willenlos, nur mehr angezogen, eilte er, so schnell er konnte, der Türe zu, die sich gleich darauf hinter ihm schloß.

Im ersten Augenblick glaubte er nur uferloses Dunkel um sich wahrzunehmen. Erst allmählich wurde es etwas heller um ihn, dämmerige Schleier schienen sich zu öffnen, und Luisens Gestalt trat deutlicher vor seine Augen. Nun wollte Karl schon zu sprechen anfangen und fragen, wo denn ihr Vater wäre, doch sie hielt ihm die Hand auf den Mund. Flüsternd zog sie ihn immer tiefer in den Kellerraum.

»Mein Vater«, sagte sie, »hat die Ziegen in den Wald gebracht und kommt vor Abend nicht zurück.«

Indessen zog sich draußen die Schwüle des Sommers immer mehr zusammen. Durch das kleine Fenster, das seitlich der Türe ziemlich hoch oben angebracht war und durch das nur so viel Licht hereinfiel, um den Kellerraum dämmerig zu erhellen, bemerkten Karl und Luise, wie sich das sommerliche Licht draußen verdüsterte. Es dauerte nicht lang, da vernahmen die beiden bereits ein leichtes, fernes Donnern.

»Es kommt ein Gewitter«, sagte Karl.

Luise blickte, als es abermals donnerte, und bereits heftiger als zuvor, nach dem immer grauer werdenden Himmel. Man merkte, daß sie an etwas dachte, denn sie blieb bisweilen völlig reglos und schien auf etwas zu horchen.

»Fürchtest du nicht, daß nun dein Vater doch kommen könnte?« fragte Karl.

»Nein«, sagte sie. »Du brauchst dich wirklich nicht zu ängstigen. Wegen des Gewitters kommt der Vater nicht zurück. Im Gegenteil. Er liebt das Wetter und geht oft in den Wald, wenn es blitzt und donnert.«

»Dein Vater ist ein seltsamer Mann, sagen die Leute, und manche sagen, daß man ihn fürchten muß.«

Karl fiel es auf, daß Luise nichts darauf erwiderte und nur horchend dastand.

Doch da bemerkte er, daß sich ihr Ohr etwas ganz anderem zugewandt hatte. Es war der Wind, der ihre Aufmerksamkeit an sich zog; immer lauter und mächtiger erhob sich das Brausen; die Bäume, die rings um das Haus standen, schienen zu atmen, ein und aus, und hinter ihnen, da stand der Wald, der ungeheure Wald, der über den Berg hinauf- und hinablief, und atmete hundert- und tausendfach stärker als die Bäume rings um das Haus. Es war ein Ein- und Ausatmen, so mächtig, als atmeten hier nicht mehr Bäume und Wälder, nein, als wäre das Leben mit allen Pulsen erwacht, als atmete es sich frei von allen Hemmungen und söge die Luft des

Himmels grenzenlos in sich ein. Ja, Luise ward ganz benommen von diesem immer gewaltiger anwachsenden Brausen, ihre Augen zeigten selbst im dämmerigen Dunkel noch einen sichtbaren Glanz und ihre Nasenflügel zitterten.

So bemerkten die beiden Liebenden anfänglich gar nicht, wie eine geradezu unterweltliche Musik um sie beide erwachte. Das mächtige Atmen des Lebens verwandelte sich zu einem immer schrilleren Pfeifen und Heulen, der Donner trommelte und paukte, als säßen irgendwo unheimliche Musikanten am unterweltlichen Tisch. Ganz anders waren alle Laute der Natur, so daß die Liebenden erschrocken auffuhren und furchtsam horchten. Deutlich hörten sie, wie es bröckelte inmitten des Gewitterlärms, wie immer mehr Mauerwerk abfiel an der Wand des Giebels, wo der gewaltige Riß von oben bis zur Kellertüre lief. Auch hörten sie, wie die Schindeln vom Dach flogen, während der Wind immer tobender wurde. Plötzlich vernahmen Karl und Luise einen erschreckenden Lärm. Sie blickten um sich und erkannten, daß etwas eingestürzt sei; denn sie hörten nach dem furchtbaren Fall, den sie vernommen hatten, immer noch ruhloses Geröll. Als Luise gegen die Tür stürzte, um sie zu öffnen, quoll ihr Staub und altes Mauerwerk entgegen. Erschrocken wich sie zurück; die Türe war von außen völlig verschüttet, der rissige Giebel war herabgestürzt.

Mit Bestürzung erkannten Karl und Luise, daß sie im Keller eingeschlossen waren, und diese Bestürzung wurde um so größer, als sie mitten in das Heulen und Pfeifen des Sturmwindes hinein die meckernde Stimme des Bockes hörten, der, vom Gewitter geschreckt, mit den Ziegen aus dem Wald herabgeeilt war, um sich in den Stall zu flüchten; denn nun war der Gedanke nicht mehr abzuwehren, daß der Vater Luisens, sicherlich den Ziegen folgend, aus dem Wald herabkommen werde. Luise und Karl schauten zu dem kleinen Fenster empor und überlegten, ob es nicht möglich sei, durch dieses Schlupfloch zu entkommen. Doch das Fenster war viel zu hoch oben; es nützte nichts, auch wenn eins das andere hob, das Fenster war nicht zu erreichen.

Die Not der beiden jungen Menschen schien immer größer zu werden. Ihr Herz schlug ebenso laut, wie ihr Mund lautlos war, als sie draußen jähe Schritte hörten und erkannten, daß der Alte aus dem Wald herabgekommen war und vor dem eingestürzten Giebel stand. Reglos verharrten sie, als müßten sie die Stimme des Alten vernehmen, einen Schrei, einen Ruf oder irgendeinen Laut; doch der Vater Luisens schien vor dem eingefallenen Giebel ebenso schweigend dazustehen

wie sie beide in der Tiefe des Kellers verharrten. Erst nach einiger Zeit vernahmen sie ein Geräusch, und es wurde ihnen deutlich, daß der Vater Luisens über den Geröllhaufen des eingestürzten Giebels emporzusteigen versuchte, offenbar, um bis zu jenem kleinen Fenster zu gelangen, durch das er in den Keller blicken konnte; denn er wollte sicherlich Ausschau halten, ob nicht auch im Innern des Kellers etwas eingestürzt sei. Karl glaubte die Gestalt des Alten schon deutlich vor sich zu sehen; er sah nicht bloß die drohende Stirn, die gebogene Nase, den langen Bart und die stechenden Augen, er sah zugleich alles vor sich, was er durch den Spalt der bunten Ladentüre gehört hatte: Er sah den zum Zorn Entbrannten, aus allem Maß Geworfenen, sah die Waffe in seiner Hand und sah den zu Tode Getroffenen vor sich liegen.
Eben hatte sich Karl hinter einem alten Faß verborgen und schaute heimlich gegen das Fenster empor, da erschien der Kopf des Alten auch schon in der kleinen Öffnung. Im selben Augenblick fuhr ein jäher, überaus greller Blitz vom Himmel zur Erde, und der unmittelbar folgende Donner krachte und prasselte, als stürze nun auch das Gewölbe des Kellers über den beiden eingefangenen jungen Menschen zusammen.

Merkwürdig wirkte es auf Karl, daß trotz des Blitzes, der einem Himmelszeichen zu gleichen schien, nichts weiteres Heftiges geschah. Der Alte verharrte, als hätte er den Blitz kaum beachtet, ohne Regung in der kleinen Öffnung des Fensters und blickte lautlos in die dunkle Tiefe. Was er dachte, was er suchte, wer konnte es genau wissen! Und doch schien der Alte an nichts anderes zu denken als an seine Tochter Luise. Hatte er sie doch im Hause zurückgehalten und sie bis jetzt nirgends gesehen, nirgends ihre Stimme gehört. Die Vorstellung, sie unter den Trümmern suchen zu müssen, schien ihm die Sprache geraubt zu haben. Unverwandt schaute er in das Dunkel des Kellers.

Das stumme und nachdenkliche Wesen des Vaters hatte in Luise den Gedanken gestärkt, daß er nur um ihretwillen so bedrückt sei. Deshalb trat sie immer weiter vor, und als sie bemerkte, wie sich das Wesen des Vaters durch ihre Erscheinung völlig änderte, ja, daß er, wie von unbeschreiblicher Erlösung erfaßt, sie zu sehen, in jähe Bewegung kam und ihr zurief, hatte sie alle Angst, hier entdeckt zu werden, verloren; sie tat, als wäre hier nichts anderes geschehen als ihre glückliche Rettung und bat den Vater, eine kleine Leiter herbeizuholen und diese durch das Fenster zu schieben, damit sie daran emporsteigen und zu ihm hinauskommen könne. Kaum hatte Luise diese Worte gesprochen, hörte man im Innern des Kellers auch schon, wie der Alte draußen über den Geröllhaufen hinabtastete, um so schnell wie möglich die rettende Leiter herbeizuschaffen.

»Dein Vater scheint ja ganz anders zu sein als ich gedacht habe«, sagte Karl erstaunt zu Luise, während sie zu ihm in das Versteck trat.

Luise schwieg kurz, dann erwiderte sie: »Du bleibst noch eine Weile hier. Ich werde schon dafür sorgen, daß du unbehelligt aus dem Keller kommst.«

Hierauf trat sie wieder in die Nähe des Fensters vor und wartete, bis der Vater mit der Leiter erschien. Er hatte sie kaum durch die kleine Fensteröffnung geschoben, schickte sich Luise auch schon an, auf den Sprossen emporzusteigen.

»Weil dir nur nichts zugestoßen ist«, sagte der Alte und umfaßte sie, um ihr beim Ausstieg behilflich zu sein. »Weil du nur da bist! Ich glaube, ich könnte nicht mehr leben, wenn ich auch dich verloren hätte!«

Mehr hörte Karl nicht mehr. Nur die Schritte der beiden hörte er noch, wie sie über das eingestürzte Gemäuer hinabkletterten und dann um das Haus herum offenbar in dem noch stehenden

Teil entschwanden. Er wartete eine Weile, und als es ganz still blieb, schlich er aus seinem Versteck hervor und sah hier noch immer die Leiter lehnen, auf der Luise in das Freie gelangt war. Hatte der Alte nun im Glück des Wiedersehens mit seiner Tochter ganz darauf vergessen, die Leiter wieder aus der Tiefe emporzuziehen, oder hatte Luise den Vater absichtlich so schnell wie möglich von der Stelle des Unglücks entfernt, damit er ja nicht mehr an die Leiter denke; jedenfalls stand die Leiter da wie zuvor, und Karl stieg, überaus vorsichtig und leise, empor, um ja von niemand gehört zu werden. Als er oben am Fenster angelangt war, blickte er ebenso vorsichtig in das Freie; da er aber nichts sah als den wirren Trümmerhaufen des eingefallenen Giebels, stieg er auf das Geröll hinaus und kam glücklich unten auf der festen Erde an. Es regnete noch heftiger als zuvor, der graue Wetterhimmel schien bis auf die Erde herabzuhängen. So schnell er konnte, lief Karl im Regen durch die Felder und zwischen den Büschen dahin, und so kam er, ohne gesehen zu werden, immer weiter und langte, wenn auch völlig durchnäßt, im Hause seines Onkels an.

Er fröstelte, als er sich in sein Zimmer zurückzog, doch das Bett erwärmte ihn rasch wieder. Freilich spürte er eine große Müdigkeit, während er an all das zurückdachte, was er heute erlebt hatte. Die Augen geschlossen, sah er immer wieder den Alten vor sich. Unerwartet, er konnte es kaum fassen, hörte er Schritte im Haus, und der Alte, der ihn auf seiner Flucht doch gar nicht gesehen hatte, kam über die Treppe herauf und trat in sein Zimmer. Immer mehr näherte er sich seinem Bett; als Karl erschrocken vor ihm in die Kissen zurückwich, lächelte der Alte. Dann begann er, ohne ein Wort zu sagen, langsam seine Joppe aufzuknöpfen. Karl konnte sich nicht erklären, was der Alte vorhatte, es wurde ihm alles immer unverständlicher, als der Vater Luisens auch noch die Knöpfe einer Weste öffnete. Zu seinem größten Erstaunen erblickte Karl unter dieser Weste eine zweite, und der Alte begann nun auch an dieser Weste alle Knöpfe aufzumachen. Da sah Karl bereits eine dritte Weste, wieder von oben bis unten zugeknöpft, und der Alte begann abermals die Knöpfe zu öffnen. Als nun noch eine vierte, fünfte und darunter immer noch neue Westen erschienen und der Vater Luisens scheinbar nichts anderes vorhatte, als nur immer neue Knöpfe zu öffnen und Hülle um Hülle abzustreifen, wollte Karl schon den Kopf schütteln, wie um dem Alten zu bedeuten, ob er denn wohl irrsinnig sei, so viele Hüllen auf seinem Leib zu tragen. Plötzlich aber sah Karl die nackte Brust des Alten vor sich, und nun bemerkte der überaus Erstaunte, wie der Alte auch noch die Brust aufknöpfte; da erblickte Karl ein Herz vor sich, ein von Blut über und über rotes Herz; als er glaubte, der Alte werde nun wohl auch das Herz noch aufknöpfen, erwachte Karl.

Wie gerne hätte er noch in diese letzte Kammer gesehen! Doch wenn der Traum es ihm auch verwehrt hatte, Karl war durch das Erlebnis von heute fest davon überzeugt, daß darin nichts anderes als Liebe schlug.

Oft dachte Karl, nachdem er wieder in die Stadt zurückgekehrt war, an seine Erlebnisse, und als er immer älter und reifer wurde, war es ihm bisweilen zumute, als hätte er damals zum ersten Male die geheimnisvollste Musik des Lebens, ja, als hätte er die Musik Pans selbst gehört.

Die Vertreibung aus dem Paradies

In meiner Nachbarschaft wohnte damals, als ich zum Studium in der Stadt weilte, der Zuschneider Johann Wenzel.

Wie so viele Menschen, die gezwungen sind, in der geschäftigen und lauten Stadt zu leben, so hatte auch ihn die Sehnsucht überkommen, seine freien Stunden in der Natur zu verbringen. Er hatte sich von seinem erübrigten Geld, nicht allzuweit draußen vor der Stadt, ein kleines Gelände erworben und sich ebenso, wie hundert andere daneben, einen Garten angelegt, mit einem sauberen Zaun herum, einem wohlverschließbaren Türchen, mit geebneten und aufgekiesten Wegen, Gemüse- und Blumenbeeten dazwischen, einem Brunnen in der Mitte und allem, was eben zu einem solchen Gärtchen gehört. Also war auch ein Häuschen darin, ein Häuschen aus Holz gezimmert und schön angestrichen, gerade unter einer Gruppe von Birkenbäumen, wie man es sich nicht geeigneter und schöner hätte denken können. Auch innen war das Häuschen nett und wohnlich hergerichtet, kleine Bilder hingen an der Wand und etliche Rehgeweihe, als wäre der Zuschneider Johann Wenzel gar einmal ein großer Jäger gewesen.

Dieser Johann Wenzel hatte, das wußten alle Leute, die ihn kannten und auch solche, die ihn nicht kannten, außer seinem Garten noch etwas anderes, nämlich eine ausnehmend schöne Frau, sehr jung noch und blond und mit so blauen Augen, daß man hätte glauben können, sie hätte in ihren Jugendtagen immer in einen blauen See oder in den großen weiten Himmel geguckt und es wäre ihr davon die blaue Farbe in den Augen hängengeblieben. In Wirklichkeit freilich war sie, ebenso wie Johann Wenzel, in der Stadt groß geworden und hatte es von Kindheit auf gesehen und gelernt, wie man sich vorteilhaft kleidet und putzt, und diese Eigenschaft hatte sich in ihr um so mehr herausgebildet, als sie gleich nach ihrer Schulzeit in ein großes Modegeschäft eintrat und es dort im Laufe der Jahre zu einer geschickten und sehr geschätzten Putzmacherin brachte.

Seit Agathe nun verheiratet war und mit ihrem Mann den kleinen Garten besaß, wandte sie alle Sorgfalt, mit der sie früher hundert und tausend Nadelstiche setzte, dem kleinen Stück Erde zu. So sproß und grünte es unter ihren Händen, daß der Garten bald zwischen allen andern hervorstach. Wie von einem Wunder benommen, konn-

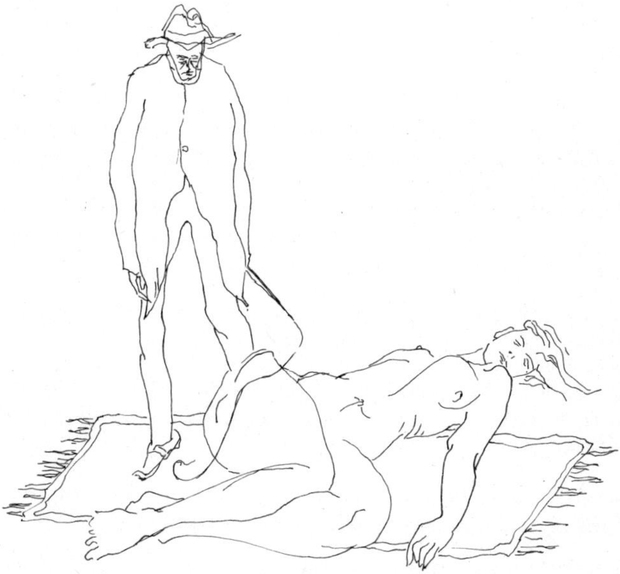

te sich Agathe nicht genugtun, an Samstagen und Sonntagen ihren Mann von Beet zu Beet zu führen und ihm all die kleinen, grünen Spitzen zu zeigen, die aus der feuchten, braunen Erde herauskamen. Die Spitzen der Schneeglöckchen und Märzbecher, der Schwertlilien und Pfingstrosen, all die Spinat-, Salat- und Rettich-, all die Sellerie- und Bohnenpflänzchen, sie kamen aus der Erde heraus, als ob die Erde in der schönen, duftenden Frühlingsluft vor Freude mit grünen Buchstaben zu reden anfangen wollte. Für Agathe und Johann Wenzel freilich war all das junge Grün zugleich ein großes Versprechen auf den Sommer und Herbst, und sie dachten beide an den vom Öl glänzenden Salat, an die gebeizten Rettiche, an volle Teller und Schüsseln. Deshalb war Wenzel schon von Anfang an darauf bedacht, sich all die Schätze, die die Erde hervorbrachte, zu sichern. Abgesehen von den Schnekken, denen man mit der fleißigen Hand beikommen konnte, gab es ringsum in den Gärten und im freien Lande allerlei strolchendes Federvolk, voran die unbekümmerten Spatzen, die es schon auf die kleinsten Pflänzchen abgesehen hatten, auch Hasen kamen des Nachts herbei und drängten sich durch die Zaunstäbe.

So stand eines Morgens ein Mann im Garten, ein regelrechter Mann, groß wie Johann Wenzel selbst; er hatte, wenn auch alte, so doch die gleichen Kleider an und denselben Hut auf, die Wenzel einst getragen hatte. Eine Maske stand zwischen Hut und Kragen als Gesicht und machte eine so drohende Miene, als wollte die Hand mit der Peitsche sich jeden Augenblick bewegen, sich heben und senken, kreisen und knallen; kurzum, die Vogel- und Hasenscheuche war so leibhaftig, daß auch das klügste Tierchen den innen mit Stroh und alter Watte ausgefüllten Mann von einem wirklichen Wächter nicht unterscheiden konnte.

Es war also alles in bester Ordnung, alles war angebaut, niemand sollte stehlen. Sommer und Herbst standen verheißungsvoll vor der Tür, da geschah es, daß Agathe, je mehr es im Garten blühte und duftete, wider Erwarten still und nachdenklich wurde. Johann Wenzel konnte sich dieses ohne äußeren Grund umgewandelte Wesen seiner Frau um so weniger erklären, als er doch glaubte, gerade die herrliche Sommerzeit würde jene Freude, die Agathe in den Tagen des Frühlings gezeigt hatte, nur noch mehr entfalten und steigern. Gleich, als er in sie drang, ihm doch die Ursache ihres umgewandelten Wesens zu verraten, schwieg Agathe und ließ ihren Mann im Ungewissen. Aber eines Tages, mitten im Garten, vor all den blühenden und fruchtenden

Beeten, gab sie ihrem Mann, der nicht nachließ, sie immer wieder zu fragen, schließlich doch die Ursache ihrer Veränderung zu erkennen.
»Sieh nur einmal diesen Garten an«, sagte sie. »Wie leer und schwarz war die Erde, als der Schnee wegging. Und nun: Dieses Blühen und Fruchten! Früher, als ich noch im Geschäft tätig war und nur selten einmal aus den Straßen herauskam, fiel mir dies alles nie so auf wie jetzt, seit ich im Garten arbeite. Wie aus dem Nichts ist alles gekommen, aber es ist da, und ich denke nun oft und oft darüber nach, woher dies alles kommt, wohin dies alles geht. Sag nicht«, wehrte sie ihrem Gatten ab, noch ehe er erwidern konnte, »daß ich selbst alles angebaut habe und alles in den Schüsseln endet. Nein, nein! Ich muß immer wieder nachdenken über alles, und so denke ich noch mehr als je zuvor darüber nach, woher wir selbst kommen und gehen. Wohl, wir haben in der Schule alles gelernt, aber dies ist mir nicht genug.«
Johann Wenzel war nicht wenig erstaunt über diese Worte seiner Frau, und die Tatsache, was dieser Garten alles vermochte, gab auch ihm zu denken. Auch er hatte bis jetzt nur dem Alltag gelebt, in Werkstätte und Haus, mit etwas Vergnügen herum, und sich eigentlich wenig Gedanken über das gemacht, was über das gewöhnliche

Leben hinausging. In der Tat war es ja, wenn man den Garten so betrachtete, wirklich wunderbar, was da alles herauskam, aufwuchs, Blüten trieb und Früchte. Die Sonne allein konnte es wohl auch nicht sein, die dies alles aus dem Boden hervorzog, auch in der Erde mußten Kräfte sein, und wenn dies, im Gegensatz zur Sonne, auch dunkle, feuchte und geheimnisvolle Kräfte waren, sie trugen zum Leben und allem Lebendigwerden im Grunde wahrscheinlich nicht weniger bei als die Kräfte des Himmels und des Lichts. Fast wäre Johann Wenzel auch still und nachdenklich geworden, aber da er schon am nächsten Tag wieder an seinem Zuschneidetisch stand und während der ganzen Woche in das Geschirr des werktäglichen Lebens eingezwängt war, konnten jene absonderlichen Gedanken, die bei seiner Frau Wurzel geschlagen hatte, nicht so nachdrücklich wirken wie bei Agathe. War er doch zugleich ein Mann, der seine Kräfte und Gedanken auf den Erwerb der täglichen Güter richten mußte, während die Frau sich mehr von Gefühlen treiben lassen konnte. Trotzdem aber war Johann Wenzel so weit, daß er das verwandelte Wesen seiner Gemahlin zu verstehen und auch zu würdigen wußte. So fand er es gar nicht so sehr außerhalb aller Lebensordnung, als ihm Agathe nach einiger Zeit erklärte, sie wollte, zur

Klärung ihrer Gefühle, das nachholen, was sie bis jetzt versäumt hätte, und sich an den weltanschaulichen Vorträgen einer religiösen Gemeinde beteiligen.
Johann Wenzel hatte im Grunde überhaupt keinen dringenderen Wunsch, als daß Agathe wieder ins Gleichgewicht käme, wieder freudig und unbekümmert sein würde, kurzum, es war ihm alles recht, was sie zur Besserung ihres Zustandes tat; denn er liebte sie und wollte sie glücklich und zufrieden neben sich wissen, wie in den ersten Zeiten ihrer gegenseitigen Liebe und Ehe. Statt dessen aber mußte er bald erfahren, wie wenig die Stunden der Einkehr dazu beitrugen, die alte Lage wiederherzustellen. Im Gegenteil: Agathe wurde, so zeigte sie sich wenigstens, immer noch stiller und nachdenklicher. Zugleich aber wurde sie zunehmend sonderbarer. Sie erschrak oft, wenn ihr Mann gerade unvermittelt in das Zimmer trat, auch schien ihr ein kühles Wesen anzuwachsen; sie sagte nicht ja, nicht nein, wenn er sie fragte, und oft zeigte sie sogar etwas Abweisendes gegen seine Annäherungen und Freundlichkeiten. Da Johann Wenzel sich dies alles nicht mehr erklären konnte, mutete es ihn bisweilen an, als ob einer jener dunklen, unbekannten Erdgeister aus dem Garten herauf in Agathe hineingefahren wäre, und er trug sich deshalb be-

reits mit dem Gedanken, den Garten, den er als die Ursache allen Übels betrachtete, wieder aufzugeben und ihn an den nächsten Käufer zu verschleudern.

Nun war es aber gar nicht der Garten, sein Wachsen, Werden, Blühn und Fruchten, sondern es war etwas ganz anderes, was Agathe im Innersten erfüllte und so verändert erscheinen ließ.

Sie hatte auf dem oftmaligen Weg zum Garten einen jungen Mann kennengelernt, noch jünger als sie selbst, der stets mit einem Buch in der Hand umherschlenderte, dem aber, wie sie bald merkte, das Lesen und Studieren wenig im Sinn lag, wenigstens von jenem Augenblick an, da er sie gesehen hatte. Zuerst war er ihr scheu und in ziemlich großem Abstand gefolgt, dann tagelang, zur selben Stunde, immer wieder am Zaun ihres Gartens vorbeigegangen, bis er es schließlich wagte, sie einmal zu grüßen und, während er sich über die Spitzen der Zaunpfähle neigte, mit ihr ein Gespräch zu beginnen. Sie wollte zuerst gar nicht auf ihn hören; im Gegenteil, sie wollte sich schon in das Häuschen zurückziehen, um sich vor ihm zu verbergen; dann aber gefiel er ihr doch, denn er war jung und frisch und blond und von artigen Manieren. Und weil er eigentlich von nichts anderem zu sprechen begann als vom Garten, in dem sie stand, von den jungen Pflänzchen, von Sonne und Regen und allem möglichen, was man für die einzelnen Sorten der Gewächse zu ihrem Gedeihen Gutes tun könne, so recht mit Kennerart, als hätte er selbst schon in einem Garten gearbeitet, hörte Agathe ihn trotzdem an. Doch je mehr und je länger sie ihn anhörte, desto mehr gefiel ihr seine einschmeichelnde Stimme, und als er, wie ein junger Mensch, halb schwärmerisch, halb nachdenklich, und doch wie hinter einer deutlich sichtbaren Maske, mit dem Blick zu Agathe gewandt, von den schönen Dingen des Gartens, von ihrem Blühen und Fruchten, von den unaufhaltsamen Kräften in der Erde und dem Licht des Himmels zu sprechen anfing, da rührte er in ihr einen Ton an, der sie, obgleich sie eigentlich gar nicht wollte, denn sie war doch mit Johann Wenzel verheiratet, immer mehr betörte.

Wie es nun einmal ist im Leben, daß Frauen plötzlich in einem Mann das Wunder sehen, und, unbekümmert um alle bestehenden Verhältnisse, sich einfach in ihn verlieben, ohne Gedanken darüber, wie das weitergehen und enden soll, so war auch Agathe in den jungen Menschen bald so verliebt, daß sie ihm eines Tages die Türe des Gartens öffnete und ihn, während sie vorsichtig nach allen Seiten spähte, um nicht gesehen zu werden, in das kleine Häuschen einließ. Von da ab war es völlig um sie geschehen, denn sie glaubte sich in den Armen des Jünglings wie im Paradiese und hatte keinen anderen Wunsch, als so viel wie möglich mit ihm beisammen zu sein. So kam sie, um möglichst leicht von zu Hause fortzukommen, in dieser Zeit auf den Gedanken, ihrem Mann von den Vorträgen zu erzählen, und zwar mit dem heimlichen, echt weiblichen Vorbedacht, im Falle des Entdecktwerdens ihren Geliebten als einen harmlosen Besucher der Versammlungen auszugeben, den sie im geschlossenen Kreise kennengelernt hätte und mit dem sie nichts anderes zu tun habe, als sich mit ihm über die geheimen Rätsel dieses Lebens, über Gott und Teufel zu unterhalten.

Also hatten sich Agathe und ihr heimlicher Liebhaber eines Tages wieder, während Johann Wenzel in der Werkstätte unabkömmlich bei der Arbeit saß, in das Häuschen des Gartens zurückgezogen, ohne sich freilich über Gott und Teufel, sondern mit sich selbst zu unterhalten, als Agathe, wie von einem undeutlichen Laut erschreckt, plötzlich den Kopf reckte und durch die Lücke des etwas offenstehenden Fensterladens hinausblickte. Doch draußen war alles still wie sonst, die Sonne schien warm und breit auf die fruchtbaren Beete, die Blätter und Früchte waren oben wie mit Gold bedeckt, während sie nach unten schwarze Schatten warfen. Besonders deutlich wuchs der Schatten der Birkenbäume in das helle Licht, und, was Agathe mit einem Male auffiel, der Schatten der alten Vogelscheuche streckte sich wie ein schwarzer, dicker Pfahl durch den Garten. Im selben Augenblick aber glaubte Agathe auch schon zu sehen, daß sich dieser Schatten leicht bewegte. Freilich konnte dies nur eine Einbildung sein, denn wie hätte sich dieser Schatten bewegen können, da doch die Vogelscheuche fest in der Erde stand. Jedenfalls aber blieb diese Erscheinung merkwürdig, und Agathe reckte sich noch mehr, um noch aufmerksamer in den Garten hinauszusehen. Sie schaute und schaute, aber dabei ging ihr Mund auf und ihre Augen wurden immer größer. Sie schien ganz starr zu werden, und das Blut lief ihr aus dem Gesicht davon. Freilich war ihr Schrecken so groß und zugleich ihre Vorsicht noch immer so bedacht, daß kein Laut über ihre Lippen kam. Doch während ihr Herz unbändig, wie vom Platz verrückt, zu schlagen anfing, sah Agathe immer deutlicher, wie sich nicht bloß der Schatten der Vogelscheuche, sondern auch die Vogelscheuche selbst langsam und lautlos vom Platze bewegte. Sie bewegte sich immer in derselben Richtung, gerade gegen das Häuschen zu. Wahrhaftig, die Vogelscheuche hob, während sie die Peitsche reglos in der Hand zu halten suchte, Bein um Bein, sie machte Schritt um Schritt, bis auf Agathes Stirn plötzlich der Schweiß stand. Aufgerichtet und doch wie geknickt stand die Frau da und sah das unheimliche Gespenst auf sich zukommen. Es war das Unheimlichste, was Agathe je in ihrem Leben erlebt hatte. Als die Scheuche mit der immer deutlicher drohenden Maske auch noch durch die Tür in das Häuschen trat, da fing Agathe, wie von Sinnen, an zu schreien, während ihr Liebhaber durch das Fenster und von hier aus durch den Garten entfloh.

Gleich darauf, noch immer im Glauben an ein unbegreifliches Geschehen, vernahm sie eine Stimme. Es war die Stimme ihres Mannes, den sie unabkömmlich in der Werkstatt geglaubt, der sich aber im Zustande eines unerträglichen Argwohns dort freigemacht und sich in die Vogelscheuche verkrochen hatte, um dem Verhalten seiner Frau endlich auf den Grund zu kommen. Nun riß er die Maske ab und stand, noch immer mit der Peitsche in der Hand, vor Agathe da. Während sie lautlos und wie ins Nichts vor ihm zusammenbrach, glaubte sie zwar noch die Schwingung der Peitsche zu sehen. Doch schließlich, wie aus einer Ohnmacht erwacht, spürte sie eine Hand, aber gar keine so unsanfte, wie man hätte glauben mögen, sondern eine helfende

Hand. Es war die Hand ihres Mannes, der, obgleich sie ihn belogen hatte, trotzdem nicht wollte, daß sie jetzt vor Schrecken sterben sollte. Er sagte zwar nichts, solange er im Häuschen des Gartens stand, auch nichts den ganzen folgenden und nächstfolgenden Tag, er war wie stumm geworden und blieb stumm, bis Agathe, von ihrem Schrecken erholt, wieder zu sprechen anfing. Sie bat ihn, er möchte doch alles vergessen, sie werde nie wieder in ihrem Leben einen falschen Schritt tun; es sei ja ohnehin nichts als Schwärmerei gewesen, und alles solle noch besser und schöner werden als es je zuvor gewesen sei.
Wenn Johann Wenzel auch hierauf noch immer keine Antwort hatte, so endete die Vertreibung aus dem heimlichen Paradies doch mit dem Weg zurück in den alltäglichen Garten des Lebens, wo Licht und Schatten dicht nebeneinander stehen und zwischen Sonne und Regen, aus der dunklen Erde herauf, die Früchte reifen, genauso von Vögeln und Hasen bedroht und von der Scheuche beschützt, wie all jene nahrhaften und wohlschmeckenden Früchte draußen im Garten vor der Stadt.

Die Fahrt auf dem Strom

In dem hohen, giebeligen Haus des Goldschmieds Hauberisser, das ansehnlich und wohlgehalten zwischen den anderen Giebelhäusern der Hauptstraße stand, war seit längerer Zeit ein Geselle eingekehrt. Martin Meckl, selbst aus einer angesehenen Goldschmiede stammend, hatte die besten Zeugnisse seiner Meister mitgebracht und hinterließ durch seine Erscheinung und durch sein stets wohlabgewogenes Benehmen überall, wo er auftrat, einen ausnehmend guten Eindruck, als wäre von seinem feinen, auf Formen bedachten Handwerk vieles auf ihn selbst übergegangen.

Er war von ziemlich großer Gestalt und hatte ein so offenes, freies und liebenswürdiges Wesen an sich, daß ihn Amelie, die Tochter des Goldschmieds, des öfteren heimlich betrachtete, sich stets gerne in ein Gespräch mit ihm einließ und seine gewinnende Freundlichkeit mit Gleichem erwiderte.

So war es alsbald kein Geheimnis mehr in der Stadt, daß die beiden sich nicht bloß gerne sahen und gut verstanden, man sprach nach einiger Zeit bereits davon, daß der Goldschmied Hauberisser einen Schwiegersohn gefunden hätte, der die Gunst des Vaters ebenso besitze wie die Huld der Tochter. Viele, die das junge Paar kannten und es mit ihren guten Wünschen liebend umgaben, freuten sich über dieses glückliche Zusammentreffen der beiden jungen Menschen und warteten neidlos auf den nicht mehr allzu fernen Hochzeitstag.

Nun waren aber auch solche in der Stadt, denen die Liebe der Goldschmiedstochter zu dem eingewanderten Gesellen sehr wenig gefiel, zumal sie doch selbst den Wunsch in sich hegten, Ameliens Zuneigung ebenso wie die Gunst ihres Vaters zu gewinnen, um, wenn sie auch keine Goldschmiede waren, in den Besitz des Hauberisserschen Vermögens zu kommen, das ein ziemlich wohlhabendes und sorgenfreies Leben versprach.

Es waren dies zwei Bürgerssöhne, gleichwohl aus geachteten Familien stammend, aber weder tüchtig noch sonst begehrenswert genug. Jakob, der Sohn eines Wirtes, mit dem Krug mehr vertraut als mit der löblichen Arbeit, ein zuweilen sehr heftiger, in allerlei Händel verstrickter Mensch, konnte Ameliens Zuneigung ebenso wenig gewinnen wie der Kaufmannssohn Anton Leidl, der zwar nie durch ein lautes störrisches Wesen,

aber dafür durch einen besonderen Mangel an Tatkraft unliebsam auffiel und ein fast kopfhängerisches Wesen zeigte.
Im Grunde waren die beiden seit jeher wenig gute Freunde gewesen, und die gemeinsame Werbung um Amelie hatte sie bereits zu Feinden gemacht. Der unerwartet in der Stadt angekommene Goldschmiedgeselle aber hatte ihre Gegnerschaft beseitigt, und sie kannten nun kein anderes Ziel, als den Eindringling gemeinsam zu befehden und ihn auf Schritt und Tritt mit ärgerlichen und höhnischen Worten zu verfolgen, um eines Tages auch vor tätlichen Händeln nicht zurückzuschrecken.
So war es wiederum geschehen, daß Jakob und Anton den Goldschmiedgesellen auf einem Bierkeller, wie es solche ziemlich viele und sehr schön gelegene in der Stadt gab, mit aufreizenden und beleidigenden Worten bedacht hatten, und Martin Meckl, um den beiden seine Verachtung zu zeigen, vom Tisch aufgestanden und wortlos davongegangen war; denn es widerstand ihm, sich mit seinen Gegnern in kleinliche Reibereien einzulassen, gerade jetzt in der schönsten Zeit des Jahres, in der ihm wahrlich anders zumute war als diesen armseligen, neidischen Gestalten. Sie sahen wohl gar nicht, daß über ihnen, in allen Ästen und Zweigen, das zauberische Wunder aufgegangen war. Wie die Blüten aus allen Knos-

pen hervorbrachen und sich in unsagbarer Zartheit entfalteten, um nicht bloß das Licht in sich einzulassen, sondern auch den taumelnden Schmetterlingen ihre verborgene Süße zu öffnen, wie über allem die goldene Gnade des Himmels stand!

Dieser Aufbruch der Natur paßte mehr zu ihm und seinen Gedanken und Stimmungen, und so machte sich Martin Meckl, angeödet vom Treiben seiner Verfolger, auf den Weg, um heute, am freien Sonntag, die Stadt zu verlassen und sich draußen im weiten blühenden Tal etwas zu ergehen. Er atmete auf, als ihm die freie, von Duft geschwängerte Luft entgegenkam. Er sah die Schwalben über sich dahinschießen wie Funken der Freude und schlug, froh darüber, daß die beiden Gegner hinter ihm blieben, den schmalen Pfad ein, der, zwischen Wiesen dahin, sich bis an den Strom hinauszog. Zu beiden Seiten des Weges häufte sich der goldene Löwenzahn, die Dotterblumen mehrten das Gold der Wiese zu einer kaum übersehbaren Fülle, dazwischen blühte die rote Bachnelke, blaue Glockenblumen und allerlei bunte Kleearten mischten sich in das farbige Bild. Beim Anblick der überschwenglich entfalteten Erde mußte Martin unwillkürlich an die Liebe Ameliens denken. Voll innerer Freude und süß versonnen blickte er durch das weite Tal:

der Strom leuchtete und glänzte, als führte er pures Silber in seinem Bett, und die riesigen Weidenbäume an seinen Ufern standen da wie silbergraue Wolken.

Martin fühlte sich in dieser Stunde, zumal, wenn er daran dachte, daß Amelie gerade ihn und keinen anderen liebte, von einer solchen Sehnsucht nach ihr gepackt, daß er den Weg abbrechen, umkehren und heimgehen wollte, um sie nach dieser kurzen Trennung vom Hause wiederzusehen. Da bemerkte er, allerdings noch in ziemlicher Entfernung hinter sich, plötzlich die beiden Verfolger. Jakob, der Heftige, hatte Anton, den Unentschlossenen, abermals in Bewegung gebracht, um gemeinsam mit ihm dem Goldschmiedgesellen in der abgelegenen Weite noch mehr zuzusetzen als drinnen in der Stadt auf dem Bierkeller. Das ahnte und fühlte Martin Meckl sehr deutlich, ja, es war ihm zumute, als wären inmitten all der Herrlichkeit, in der er sich eben dahinwandeln hatte sehen, zwei Wolken aufgetaucht, die den ganzen Himmel zu verwischen suchten. Was gab es da Klügeres zu tun, als die beiden Verfolger noch weniger als drinnen im Bierkeller zu beachten und sich so zu stellen, als wären sie überhaupt nicht vorhanden.

Um ihnen aber doch irgendwie auszuweichen, scheinbar sehr unauffällig, und folglich nicht mehr auf demselben Wege weiterzugehen, auf dem sie immer eiliger nachkamen, bog Martin Meckl seitlich in die Wiesen ein. Er trat, hinter Büschen verborgen, abseits von jedem begangenen Pfad, an das Ufer des Stromes, in den Schatten etlicher Weidenbäume, als könnte er sich dort hinter dicken Stämmen vor Jakob und Anton verbergen. Hier sah er, an einem Pfahl befestigt, einen Kahn, der offenbar einem Fischer gehörte, auf den Wellen schwanken; weil er das Gefühl hatte, daß er, ein Stück von der festen Erde weg, auf dem Wasser, doch wohl noch sicherer sei, stieg er in den schaukelnden Kahn. Er setzte sich an das äußerste Ende, das am weitesten in den Strom hineinragte, und blickte, mit dem Rücken zum Ufer gekehrt, in die treibenden Fluten.

Wahrhaftig, sie gingen sehr hoch, das merkte Martin erst jetzt ganz deutlich; da und dort schienen sie ganz wild zu sein. Im Gebirge war wohl der Schnee geschmolzen, und alle Nebenflüsse hatten den Strom in heftige Bewegung gebracht. Wie da draußen, gegen die Mitte zu, die Wellen schäumten, wie sie sich an manchen Stellen, wie um sich selbst zu drehen suchten, wie die Strudel kreisten und manchen daherschwimmenden Ast und Zweig mit in die Tiefe rissen, während über allem die Möwen schreiend dahin-

flogen. All das war im Schein des herrlichen Lichtes, das aus den blauen Himmeln herabkam, fast unheimlich anzusehen. Doch Martin blickte unentwegt in diese brausende Weite, um den Blick nicht nach dem Lande wenden zu müssen; er hörte, von dem unaufhörlichen Rauschen der Wasser wie betört, kaum mehr etwas anderes als das Gurgeln und Tosen der Wellen.
So vernahm er es auch nicht, daß sich die Schritte seiner beiden Verfolger immer mehr dem Ufer näherten. Ebensowenig bemerkte er, wie Jakob, dem die rötlichen Haare etwas im Winde flogen, den noch immer zaghaft dastehenden, etwas bleichen Anton mit stummen Gesten aneiferte, doch mit aller Wucht in den Kahn zu springen. Schließlich schnellte sich Jakob selbst, dem Anton voraus, mit einem Satz in das Boot und zog den gehemmten Kameraden mit der Hand nach. Das gab ein so heftiges Schütteln und Schaukeln des Kahns, daß Martin, noch immer am äußersten Rande sitzend, furchtbar erschrocken um sich sah. Sein Schrecken aber wurde nicht geringer, als er nun seine beiden Feinde dicht vor sich erblickte, mit wenig freundlichen Gesichtern, und hörte, wie Jakob, aufrecht und drohend vor ihm dastehend, plötzlich sagte: »So, jetzt hätten wir dich ja! Was kannst du schon machen, wenn wir beide dich einfach packen und in den Strom werfen?«

War dies vorerst auch nur eine prahlerische Drohung, nur mit der Zunge ausgesprochen, so war die ganze Situation doch sehr unerquicklich und wenig hoffnungsreich; denn wie leicht konnte ein Gegenwort Martins den Zorn der beiden Widersacher noch mehr entfachen und schließlich zu einem wirklichen Kampfe führen. Deshalb bezwang sich Martin zu schweigen und schaute den rötlichen Jakob und den schwarzen Anton nur geraden, abwehrenden Auges an, als wollte er sie schon durch den bloßen Anblick zum Nachgeben zwingen.

Da gab es mit einem Male einen Ruck, und im selben Augenblick bemerkten alle drei, daß sich der Kahn, wohl durch die plötzliche Erschütterung, vom festen Ufer gelöst hatte und in die aufgerührten Fluten des Stromes hinaustrieb. Jakob, der noch immer ein ganz rotes, angefeuertes Gesicht hatte, blickte verdutzt um sich; als er bemerkte, wie Anton, wohl aus Furcht vor den ringsum zischenden und schäumenden Wellen, niedergesunken war und in sich gekauert dasaß, wollte er eilig nach den Rudern greifen, um den Kahn wieder an das Ufer zu steuern. Doch soviel er sich auch bemühte und aufgeregt nach vorne und hinten sah, es war nirgends ein Ruder zu entdecken. Der Fischer hatte sie wohl mitgenommen, damit niemand den Kahn unberechtigt benützen konnte. So trieb denn der Kahn ruder- und steuerlos dahin.

Nun faßte auch den vorher noch so mutig scheinenden Jakob eine Stille, vor der er selbst erschrak, denn er sah, wie die Wellen den Kahn immer weiter gegen die Mitte des Stromes trieben. Es war plötzlich ein Schweigen zwischen den dreien da, ein Schweigen, das vom Lärm der Wasser umhüllt wurde wie der Kern einer Nuß von der einengenden Schale. Nirgends lag mehr eine Aussicht offen, und alle drei dachten wohl dasselbe: Wie dies alles enden, wie sie wohl wieder an das feste Ufer gelangen würden? Aller Kampfgeist von vorher schien mit einem Male vergessen zu sein. Als wäre das drohende Wort Jakobs im Wasser versunken, so mutete es an; denn wie konnte man jetzt noch drohen, da man selbst ringsum von den größten Gefahren bedroht war. Bald schlugen die Wellen so hoch, als wollten sie das gemeinsame Schifflein mit Wasser füllen, dann wieder wurde der Kahn so heftig geschaukelt, als wollte er vollends umkippen. Geradezu schrecklich aber war es, wenn ein Strudel die kleine Nußschale einfach packte und sie um sich selbst drehte, daß man für einige Augenblicke nicht mehr wußte, was vorne und hinten war, und alle Umsicht verlor.

Zu alledem aber trieb der Strom, der hier in der Mitte weit wie ein See zu sein schien, immer näher jener Stelle zu, wo sich die Uferberge ganz nahe an die Wasser heranschoben und den Strom, in starken Windungen, durch jene Schlucht zwangen, von der jedermann wußte, wie gefährlich sie sei. Es drängten sich nämlich zu beiden Seiten der Fluten hohe, steil abfallende Felsen so nahe an die Wasser heran, daß kein Fußpfad mehr Platz hatte und es hier überhaupt keine andere Möglichkeit gab, als mit dem Kahn durchzukommen. Nun mußte man aber auch zu Zeiten des gewöhnlichen Wasserstandes ganz genau Bescheid und das Schifflein sicher zu steuern wissen, um nicht an einer der jähen Stromwindungen an die Felswände geworfen zu werden; denn die Wasser, durch die Felsen zusammengedrängt, waren hier besonders wild und abwegig und von starken Strudeln durchkreist.

Um so gefährlicher war es jetzt, zur Zeit des Hochwassers, in diese Schlucht hineingetrieben zu werden, noch dazu mit einem Kahn, der nicht Ruder und Steuer hatte. Jakob und Anton erkannten klar und unerbittlich, daß sie alle drei, falls man vorher das Ufer nicht erreichen konnte, rettungslos verloren seien. Wie aber sollte man das Ufer erreichen, jetzt, da die Wellen, der Schlucht zustrebend, zusehends eiliger wurden und den Kahn nur immer unsteter und hastiger dahintrieben. Man war dem Strom preisgegeben und seiner blinden Gewalt; kein Hilfeschrei, auch noch so laut in das Tal gerufen, holte jemand herbei; denn es war eine abgelegene Gegend, in der kein Gehöft mehr stand und in der man auch selten einen Fußgänger sah, weil ja der Weg am Eingang der Schlucht aufhörte und also niemand von oben hinunter und niemand von unten heraufkommen konnte.

Das ziemlich sichere Ende ahnend, lag Anton, völlig niedergebrochen, mehr im Kahn als er saß und hielt sich schon jetzt krampfhaft am Holz des Bootes fest, um in der größten Gefahr noch einen Balken in der Hand zu haben. Dabei fing er vor Verzweiflung zu jammern an und blickte dazwischen immer wieder vorwurfsvoll nach Jakob aus, der nach seiner Meinung an allem schuld war; denn wäre Jakob nicht so heftig in den Kahn gesprungen und hätte ihn nicht minder ungestüm nachgezogen, so hätte sich das Boot wohl überhaupt nicht vom Pfahl gelöst, und alles wäre nicht geschehen. Jakob sah das wohl ein, denn er riß sich, während er immer vergeblich nach den Ufern ausspähte, ob denn wirklich von keiner Seite eine Rettung zu erwarten sei, manchmal gewaltsam an den Haaren.

Nur Martin blieb ziemlich ruhig. Er saß am vorderen Ende des Kahns und schaute wortlos nach den Ufern. Nein, es war nichts zu hoffen. Das Schifflein trieb, als würde es von einer bösen, rachsüchtigen Hand geführt, weder nach links noch nach rechts, sondern immer mehr der gefährlichen Schlucht zu. Dabei kamen die Felswände schon ganz nahe. Unter dem wolkenlosen Himmel, der sich über allem wölbte, leuchteten sie grell in der Sonne. Es war ein schauerliches Bild. Während der schönsten Zeit des Jahres, während es da draußen an den Ufern blühte und duftete und das Leben von allen Seiten lockte, wartete dort, ganz nahe schon, der Tod. Kalkweiß trat er aus den riesigen Wänden, seine Rippen schienen aus dem Gestein zu wachsen, und ein schmaler, oben auf einer Wand liegender langgestreckter Felsen sah aus wie eine leibhaftige Sichel.

Verloren sah Martin Meckl vor sich hin; man merkte es ihm an, was er jetzt dachte. Plötzlich sagte Jakob zu ihm: »Du denkst wohl an Amelie?«

»Wie sollte ich nicht an sie denken«, erwiderte Martin. »Jetzt werdet ihr es mir ja doch nicht mehr verübeln, daß ich an sie denke. Übrigens«, fügte er hinzu, »was kann ich eigentlich dafür, daß sie gerade mich und euch beide nicht liebt? Ist das eine Schuld von mir?«

Nach diesen Worten trat wieder Schweigen ein. Jakob blickte unverwandt nach den nahen Felsen, und Anton, noch immer gleich niedergebrochen, nickte nur, als wollte er damit sagen, es wäre gut für ihn und Jakob gewesen, Martin allein an das Mädchen denken zu lassen.

»Wir werden wohl alle drei jetzt zugrunde gehen«, begann Jakob plötzlich wieder und wandte sich an Martin, der kaum recht auf ihn achtete, sondern nur immer auf den Augenblick zu warten schien, in dem die drohende Gefahr zur Wirklichkeit wurde. »Du«, sagte Jakob wieder, »schau mich doch an. Sieh, ich bin schuld an allem, was nun geschieht. Ich habe dich und den Anton und mich selbst in diese Todesgefahr gebracht. Verzeih mir«, fügte er fast lautlos geworden hinzu.

Da stand Martin Meckl, als wäre ihm ein besonderer Gedanke gekommen, vorsichtig von seinem Platz auf und begann sich seiner Kleider zu entledigen. Er legte wortlos die Joppe in den Kahn, dann die Weste, zog Hose und Hemd aus und stand, in der Sonne leuchtend wie das Leben selbst, vor Jakob und Anton.

»Du willst wohl versuchen, schwimmend das Ufer zu erreichen und uns allein zurücklassen?« fragte Anton, sichtlich noch kleinmütiger geworden; denn es kam ihm besonders schmerzlich vor, daß er und Jakob, die beide des Schwimmens unkundig waren, nun allein sterben sollten, während Martin vielleicht doch die Möglichkeit fand, sich durch eigene Kraft an das Land zu retten.

Auch Jakob dachte dasselbe, und alle Reue und Einkehr von vorher schien wieder einer jähen inneren Wut zu weichen. Allein will er uns also lassen. Allein sollen wir zugrunde gehen, während er schwimmend an das Ufer trachtet, um zu niemand anderem als zu Amelie zu kommen. Schon hatte Jakob den fürchterlichen Wunsch auf der Zunge, Martin möge genau so ertrinken wie er und Anton, ja genau dasselbe Schicksal solle ihn erreichen, das auch ihnen gesetzt sei.

Doch ehe er den Fluch noch aussprach, sprang Martin Meckl, als eben der Strom in die Schlucht hineintrieb, in die Flut und fing zu schwimmen an. Doch er schwamm zum größten Erstaunen Jakobs und Antons nicht vom Kahn weg, in der Richtung gegen das Ufer, nein, er hängte sich hinten an den Kahn, so wie ein lebendiges Steuer, und man merkte schon nach seinem ersten Zugriff, daß er das Boot in eine ganz bestimmte, ihm aufgezwungene Bahn leiten wollte. Bald wandte Martin den Kahn nach links, bald nach rechts, wie es gerade nötig schien, und Jakob und Anton, die schreckensbleich und wortlos auf ihren Sitzen blieben, sahen ihm unverwandt zu.

Immer weiter trieben die schäumenden und tosenden Wasser in die Schlucht hinein. Es war ein Lärm wie in der Hölle. Von den Steinwänden spritzten die Wasser gischtend zurück und schienen wie eine wilde Meute des Todes gegen das Schifflein anspringen zu wollen. Jetzt, jetzt hatte Martin sie beide in der Hand! Hier einen Ruck nach links, und das Schifflein treibt zerschellt in den Fluten, dort einen Ruck nach rechts, auch dann sind sie beide verloren.
In ihrer Aufregung, was nun eigentlich geschehen, ob Martin, der bei allem völlig wortlos blieb und ein äußerst verbissenes Gesicht zeigte, sie vielleicht bloß zum Schein bis an das Ende der Schlucht hindurchsteuern und dann, Rache an ihnen nehmend, sie an den Felsen zerschellen lassen wird, um sich selbst schwimmend an das Ufer zu retten, ja, bei solchen Gedanken, die aus dem Bewußtsein ihrer Schuld entsprangen, kam ihnen alles nicht mehr wirklich, sondern wie in einem furchtbaren Traum vor. In dieser Schlucht schien die Hölle lebendig geworden zu sein, und die Feuer der Qual schienen hemmungslos aufzuschlagen.
Deshalb waren Jakob und Anton vor Erlösung und Ergriffenheit keines Wortes mächtig, als sie endgültig erkannten, daß Martin sie unter Aufbietung all seiner Kraft wirklich durch diese

Schlucht hindurchsteuerte. Sie sahen, wie die knochenweißen Wände des Todes zur Seite wichen und ein sanfteres, grünes Ufer sich zeigte. Nun lenkte Martin den Kahn völlig an den Strand, sprang auf festen Boden, schlang den Strick um den Stamm eines Baumes und hielt so das Schifflein am Ufer fest. Es war kaum zu glauben. Man lebte noch, man hatte alle Gefahr hinter sich, und da, dicht vor ihnen, lag eine weite, besonnte Wiese; die Blumen blühten und die Schmetterlinge flogen traumhaft hin und her.

Was für ein Mensch war doch dieser Martin! Jakob und Anton konnten es gar nicht aussprechen, was sie sagen wollten, nein, nie wußten sie es so deutlich und so ohne allen Neid, daß niemand anders als er ein solch schönes und holdseliges Mädchen verdiente, wie es Amelie, die Tochter des Goldschmieds, war. Also sah man am Hochzeitstag, der bald dieser furchtbaren Fahrt folgte, zwei Trauzeugen, die kein Mensch in der Stadt je zuvor in diesem Hochzeitszuge vermutet hätte.

Das geheimnisvolle Haus

Ich war schon völlig erwachsen, als ich, wieder in den Ferien, durch das Tal wanderte.

Flußabwärts lag ein Haus, das rings von einem hohen, dichten Heckenzaun umgeben war. Es lag völlig allein; die Waldhänge zu beiden Seiten des Tales hielten die laute Welt ebenso davon ab wie es die ununterbrochenen Wiesen ober- und unterhalb des Hauses taten. Ursprünglich war dieses abgelegene Besitztum von einem Maler angelegt und seit einiger Zeit von einem Mann erworben worden, der aus einer entfernten Stadt hierhergekommen war. Die Leute, die bisweilen in den abgelegenen Talwinkel kamen, sahen ihn nur selten. Eine ziemlich bejahrte Wirtschafterin führte seinen Haushalt, und ein Gärtner sorgte für den Unterhalt des Hauses und die Pflege des Gartens.

Schon gleich nach der Ankunft des Fremden war es aufgefallen, daß nicht selten Herren aus der Stadt vorfuhren, die sonst wohl nie in diese Einsamkeit gekommen wären. Als man durch die Wirtschafterin und durch den Gärtner erfuhr,

daß diese Besuche Rechtsanwälte aus der Stadt seien, verbreitete sich die Meinung, der Alte sei wohl in einen Prozeß verwickelt, der immer weiter und weiter gehe und kein Ende nehmen wolle. Alles, was in den Gedanken der Leute nur Ursache zu einem Prozeß sein konnte, wie Geld-, Erbschafts- und Ehestreitigkeiten, wurde in Erwägung gezogen. So hörte ich überall, wohin ich kam, von diesen Dingen, aber überall etwas anderes.

Es war an einem sehr schönen Tag. Der Himmel war wolkenlos blau. Leuchtend wand sich der Fluß zwischen den weichen Uferhängen. Während ich am Ufer entlang ging, als müßte ich hier nur immer neue Freude entdecken, bemerkte ich nach einiger Zeit einen Mann, der scheinbar reglos dazustehen und gleichfalls die Pracht des Sommertages zu betrachten schien. Er stand in der Nähe einiger Erlenbäume. Das Gesicht zur Erde gewandt, schien er mit großer Aufmerksamkeit etwas zu betrachten.

Plötzlich blieb auch ich stehen. Denn nun sah ich, was der Mann beobachtete. Es war eine schwarze Amsel, die auf dem Boden umherlief und nach Futter suchte. Eben, als ich ankam, hatte sie mit ihrem gelben Schnabel einen großen Wurm erfaßt und hackte erbarmungslos auf ihre Beute ein. Der Wurm zuckte und krümmte sich, während oben der wolkenlose Himmel sich wie eine friedliche Glocke über die Erde wölbte und die fliegenden Vögel gleich schwingenden Klöppeln in ihm ertönten. Das Halleluja der Lerchen aber wollte eigentlich recht schlecht zu all den schmerzlichen Krümmungen passen, in denen der Wurm am Boden sich wand. Die sterbende Kreatur und das Jubilieren in der Höhe, beides am selben schönen Sommertag, auf der gleichen freudigen Erde!

Der Mann mußte wohl fühlen, daß ich etwas Ähnliches dachte wie er; denn er sah mich, während er den Blick hob, eine kurze Weile schweigend an. Dann sagte er: »Das ist doch etwas Grausames, daß eine Kreatur die andere zerstört.«

»Das ist freilich etwas Grausames«, gab ich zu. »Sicher aber weiß es die Amsel gar nicht, was sie anrichtet.«

Der Mann hob nun abermals den Blick und sah mich lange an. Es war ein seltsamer, tiefer und fragender Blick, jener Blick eines Menschen, der in den andern einzudringen sucht, als wollte er hinter den Wänden des Leibes alles Denken und Fühlen ergründen. Während er mich so ansah, merkte ich, daß sein Bart bereits weiß, sein Gesicht stark durchfaltet, aber seine Augen noch auffallend frisch und lebendig waren.

»Sie entschuldigen also wohl noch diese Grausamkeit?« sagte er.
»Warum sollte ich der Amsel Vorwürfe machen«, erwiderte ich. »Sie hat eben Hunger. Sie will wohl gar nicht töten, sie will nur Futter haben. Daß sie dabei Schmerzen verursacht? Wir werden diese Dinge wohl nie ganz begreifen können.«
Als schließlich die Amsel den Wurm verzehrt hatte und weggeflogen war, ging der Alte noch eine Strecke Wegs mit mir, um sich mit mir über die in unserem kurzen Gespräch berührten Dinge weiter zu unterhalten. Auf diese Weise lernten wir uns näher kennen, und der Gang endete damit, daß mich der Alte einlud, ihn in den nächsten Tagen einmal zu besuchen.
Im Garten fiel mir, als ich der Einladung folgte, eine eigenartige Stille auf. Es waren wohl die hohen, dichten Zaunhecken, die ihn gleich grünen Mauern selbst noch gegen die Stille des Tales abschlossen, an diesem Eindruck schuld. Durch diese Stille, die meine Ohren nur horchender, meine Augen nur neugieriger machte, kam ich langsam dem Hause näher. Es zeigte, hinter den Bäumen hervortretend, bald eine breite, weiße Front; sein Ausmaß war weiter, größer, als ich vermutet hatte. Es war ein sehr ansehnliches Landhaus, in einem klaren, wohltuenden Stil er-

baut. Die dunkelgrünen, wie Jalousien gefächerten Läden an den hohen Fenstern suchten diesen Charakter noch zu verstärken.
Über Steinstufen empor, und dann über eine Terrasse, kam ich in das Haus. Auch hier zeigte sich alles dem Stil des Äußeren angepaßt. Es herrschte eine einladende Einfachheit, kein Prunk, kein Anhäufen von Möbeln und Gegenständen störte das Bild. Dabei standen nur auserlesene und wertvolle Stücke herum. Aber sie waren, jedes für sich, so richtig an ihren Platz gestellt, daß man sich des Eindruckes einer auffälligen Zurückhaltung nicht erwehren konnte.
In der Bibliothek nahmen wir Platz. Es war ein großer Raum, dessen Wände vom Boden fast bis zur Decke hinauf mit Büchern verstellt waren. Wie ich schon beim Eintritt nach einem kurzen Rundblick bemerkt hatte, standen hier neben den Werken der schönen Literatur vor allem philosophische Reihen, Bücher über allgemeine Lebensbetrachtungen, religions- und auch zahlreiche naturwissenschaftliche Bände. Man hätte fast glauben mögen, es bei Herrn Kreuzer mit einem Gelehrten zu tun zu haben, der sich wohl selbst mit Bücherschreiben beschäftigte. Aber er hatte, wie er mir auf meine Vermutung hin erklärte, noch nie etwas Derartiges geschrieben. Doch gelesen habe er fast alles, was hier an den

Wänden zu sehen sei. Er habe unendlich viel gelesen, erzählte er, und als ich ihn fragte, was ihn denn daran so sehr eingenommen habe, schwieg er kurz und sagte dann: »Eigentlich habe ich immer nur nach mir selbst gesucht in diesen Büchern. Ob das, was mich bewegte, andere bereits ausgesprochen und welchen Weg sie aus den Problemen des Lebens gefunden haben.«

»Und Sie haben das gefunden, was Sie suchten?« fragte ich.

»Wie man es nimmt«, entgegnete er. »Was man in den Büchern findet, ist gewiß manchmal ein Spiegelbild. Das eigentliche Bild aber bleibt man doch selber, und trotz aller aufgezeigten Wege hat man den seinen selbst zu suchen.«

Während wir uns so unterhielten, verging die Zeit. Plötzlich erinnerte er mich an jene Amsel, die wir gemeinsam beobachtet hatten.

»Es hat mich noch lange beschäftigt«, sprach er, »daß Sie dem Vogel keine Schuld zumaßen. Er handelte doch, er zerhackte den Wurm mit seinem Schnabel, er hätte den Wurm doch auch liegenlassen können und wäre dabei wahrscheinlich nicht verhungert.«

Ich merkte, daß Herr Kreuzer ein zum Sinnieren und Grübeln geneigter Mensch war.

»Wie wollen Sie einer unvernünftigen Kreatur eine Schuld zumessen?« sagte ich. »Etwas wahr-

haft Böses kann doch nur der beginnen, der sich seiner Tat klar bewußt ist.«
Andreas Kreuzer sah mich prüfend an.
Nach einer Weile sagte er: »Sie glauben wirklich, daß eine mit Überlegung ausgeführte, sogenannte böse Tat immer eine Schuld ist?«
Was für Gedankengänge bewegten ihn doch? Eigentlich war er mit einem Male ja ganz gegenteilig eingestellt. Wie konnte er von der Schuld eines hungrigen Vogels sprechen, wenn er nicht einmal den zu einer überlegten bösen Handlung getriebenen Menschen in jedem Fall schuldig wissen wollte? Wenn ich im Augenblick auch nicht erfahren konnte, was er mit seinen Worten bezwecken wollte, ahnte ich doch schon damals, daß ihn ein ganz besonderer Fall bewegen mußte. Erst viel, viel später, nachdem wir uns beide mehr und mehr kennengelernt und sogar angefreundet hatten, erfuhr ich durch ihn selber, daß es gerade mein damaliger Einwand gegen die Schuld des hungrigen Vogels war, der sein Vertrauen zu mir vom ersten Augenblick an geweckt hatte. Er hatte mir dieses Eintreten für den Vogel nie vergessen. Er hatte nie vergessen, daß ich mich von seiner allerdings nur scheinbaren Meinung nicht habe beirren lassen. Und als er mir eines Tages, in einer vertraulichen Stunde, die Geschichte seines Lebens erzählte, begriff ich erst

vollends, warum ihn der Gedanke an das Böse immer so sehr bewegt und warum er des öfteren mit mir darüber gesprochen hatte.

Er wohnte als junger Mensch, nachdem er sein Studium vollendet hatte, in einem jener Viertel der Stadt, wo die Mauern nicht bloß außen grau und verwittert aussehen, sondern auch im Innern deutlich die Spuren einer langjährigen Vernachlässigung zeigten. Schon beim Eintritt durch die Türe kam ihm stets ein dicker, fast moderiger Geruch entgegen. Er kam teils aus den feuchten Kellern herauf, teils aus den zahlreichen Wohnungen, wo sich hinter den Türen der Dunst von Kraut und Kartoffeln anstaute und bis auf den Gang herausdrang. An den Wänden zeigten sich die Spuren nicht ganz sauberer Finger, die Treppenstufen waren meist verschmutzt, da und dort lag ein weggeworfenes Streichholz, ein Fetzen Papier, eine leere Zigarettenschachtel.

In diesem Hause bewohnte Andreas Kreuzer oben im vierten Stock eine kleine Kammer. Sie enthielt außer der Matratze, auf der er schlief, einem alten Tisch mit dem halbzerbrochenen Waschgeschirr darauf, dem nicht viel besseren Stuhl und einem knarrenden Kasten kaum etwas, das den Raum freundlicher und wohnlicher gemacht hätte. Das Fenster ging in den grauen Hof hinaus, gegen Norden, so daß sich nur selten ein

Sonnenstrahl in den Scheiben spiegeln konnte. Andreas Kreuzer hatte seine Eltern frühzeitig verloren. Sie waren ehemals angesehene, im Ausland tätige Kaufleute gewesen und hatten durch unglückliche Verhältnisse fast ihr ganzes Vermögen eingebüßt. Was sie ihm bei ihrem Tode hinterließen, reichte gerade zur Not, daß er die Schule besuchen konnte, um sich die für sein späteres Leben notwendigen Kenntnisse zu erwerben. Freilich fiel ihm das Studium, je älter er wurde, immer beschwerlicher; durch Stundengeben verschaffte er sich einen kleinen Nebenverdienst und schlug sich bis zum Examen durch.
»Es ist nicht leicht, jung und arm zu sein«, sagte Andreas Kreuzer, während er mir seine Geschichte weitererzählte. »Gerade der junge, ungesättigte Mensch verlangt mit allen Sinnen nach den Schätzen der Welt. Sie lockt mit hundert und tausend Dingen. Ich erlebte dies besonders, wenn ich, noch immer ohne Stellung und Geld, aus meiner Dachkammer über die verwahrloste Stiege herabkam, hinein in die treibende Stadt. Jene Abende werde ich wohl nie vergessen. Die fast taghellen Schaufenster konnten sich nicht genug tun, ihre Schätze anzubieten. Die Musik lockte aus den Lokalen und ihren Gärten, die Menschen saßen an den gedeckten Tischen, lachten und zechten, und ich ging vorüber, mit leeren Ta-

schen und einem Herzen, das verlangender war als das irgendeines anderen.

In dieser Zeit lernte ich ein Mädchen kennen, eine Studentin, die sich, gleichfalls aus bedrängten Verhältnissen stammend, ähnlich mühselig durchschlug wie ich. Eines Abends, es war gerade zu einer Zeit, da weder ich noch Anna einen Pfennig in der Tasche trugen, gingen wir zusammen durch die Stadt. Wir kamen schließlich, auf dem Wege durch den Bahnhof, an einen Verkaufsstand, der auch zur Nachtzeit geöffnet war. Äpfel lagen in der Auslage, Bananen, Schokolade, mein Gott, es schien uns das reinste Schlaraffenland zu sein, was wir hier sahen.

Vergeblich suchte ich in den Taschen, ob sich denn doch nicht irgendwo, vielleicht durch ein aufgerissenes Loch, ein Geldstück verschlüpft habe. Eigentlich war es ja unsinnig, zu suchen, aber was tut, was erhofft man nicht immer wieder! Anna konnte es offenbar nicht mit ansehen, wie ich vergeblich suchte, sie wandte das Gesicht und kehrte mir den Rücken zu. Langsam ging sie von mir weg; warum, konnte ich nicht gleich begreifen. Da merkte ich, daß Anna in die Nähe des Verkaufsstandes zurückgegangen war, wo eben mehrere Leute einkauften. Als sie sich unbeachtet glaubte, griff sie nach einer Tafel Schokolade. Sie mußte wohl das Gefühl haben, von niemand beobachtet worden zu sein, denn sie kam, scheinbar völlig ruhig und so, als wäre nichts geschehen, auf mich zu. Unauffällig hing sie sich, während sie den Blick zu Boden senkte, an meinen Arm, um mit mir den Bahnhof zu verlassen. Ja, Anna hatte gestohlen, einfach gestohlen, weil sie es nicht mitansehen konnte, wie ich hungerte. Nur meinetwegen hatte sie sich schuldig gemacht! Ich hätte sie umfassen und küssen mögen und hatte doch zugleich ein peinliches, unheimliches Gefühl.

Doch kam ich gar nicht mehr zur klaren Unterscheidung meiner Empfindungen; denn als ich mit Anna eben den Bahnhof verlassen wollte, liefen etliche Leute hinter uns her, darunter die Frau vom Verkaufsstand, umringten uns und versperrten uns den Weg. Ich sah plötzlich ein giftgeschwollenes Gesicht vor mir und hörte, wie die Frau rief: ›Da haben Sie ja eine nette Begleitung!‹ Am liebsten hätte die Erboste wohl noch ausgespuckt vor uns beiden, wenn nicht ohnehin eben zwei Schutzleute herzugetreten wären und den ganzen Fall für sich in Anspruch genommen hätten. Anna hielt die Tafel Schokolade, wenn auch etwas verborgen, noch immer in der Hand. Als sie die Schutzleute sah, ließ sie die Tafel vor Schrecken fallen. Die Schokolade fiel auf das Pflaster und zerbrach. Ich sah noch, wie die Verkäuferin sich auf die zerbrochene Tafel stürzte und sie an sich riß. Dann brachte man uns beide zur Polizei. Mich entließ man wieder, aber Anna behielt man in Haft. Ich versuchte es zwar, die Schuld auf mich zu nehmen, um Anna zu befreien, doch Anna ließ das nicht zu; auch war die Aussage der Verkäuferin gegenüber den Polizisten zu eindeutig gewesen.«

Andreas Kreuzer stand von seinem Stuhl auf und ging an das Fenster. Er blickte hinaus, als müßte er noch heute draußen in der Weite eine Rettung aus jener Bedrängnis suchen. Dabei schien er die Wolken zu betrachten; sie zogen über den Himmel und verdunkelten die Sonne. Ein düsterer Schatten erfüllte den Raum. Ich sah, wie da und dort im Garten die Blätter zu zittern anfingen.

»Im Grunde waren es nur kleine Dinge«, begann Kreuzer wieder zu sprechen. »Denn um was handelte es sich schon? Um nichts als eine Tafel Schokolade, die aus Hunger gestohlen wurde! Was aber wurde daraus! Als Anna nämlich in der Zelle saß, nahm sie sich die Tat, die sie vorher gar nicht überlegt hatte, so zu Herzen, als hätte sie Gott weiß was verschuldet. Eine Diebin zu sein! Nie in ihrem Leben hatte sie je daran gedacht, eine solche Tat auszuführen. Wenn der Diebstahl nun bekannt würde und sie für immer verdächtigt wäre? Sie dachte an ihr Studium, an ihre Bekannten, ihre Angehörigen; in ihren Vorstellungen bauschte sich alles immer ungeheuerer auf, sie verlor jede kühle Überlegung und schließlich, wie es bei empfindsamen Naturen geht, die Kraft der Nerven.«

Andreas Kreuzer unterbrach seine Erzählung abermals. Man merkte es seinem Gesicht an, daß er alles nochmal vor sich sah, was er einst erlebt hatte.

»Schon in aller Frühe«, berichtete er, »lief ich am folgenden Tag in das Polizeigebäude. Ich war noch genau so arm und noch hungriger als am Vortag, aber ich hatte mir trotzdem ausgedacht, wie ich die Haft Annas beenden könnte. Melden wollte ich, daß ich der Verkäuferin in der Bahnhofshalle die zerbrochene Tafel Schokolade vergüten und auch für die Bezahlung jener Strafe aufkommen werde, die Anna vielleicht zugesprochen bekam. Ich mußte wohl etwas ungewöhnlich ausgesehen haben bei meinen Worten, weil der Polizeibeamte nach einer Weile die Miene verzog und zu lächeln anfing. ›Ihre Freundin‹, sagte er, ›ist schon wieder auf freiem Fuß.‹ Dann wurde er ernst und fügte seinen Worten hinzu: ›Fast wäre der Fall unglücklich ausgegangen.‹ Und nun erfuhr ich, daß Anna in der Verzweiflung versucht hatte, sich das Leben zu nehmen; so weit hatte sie sich selbst in das Unglück hineingesteigert.«

Kreuzer mußte wohl merken, daß mich seine Geschichte recht nachdenklich berührt hatte. Denn er sagte: »Eigentlich wollte ich Ihnen dies alles ja nicht deshalb erzählen, um Sie so still oder gar traurig zu machen. Sie sollten nur sehen, wie weit der Mensch in einer unglücklichen Lage kommen kann. Das Leben kann hart sein«, bestärkte er, »aber es hat auch wieder seine gute Seite. Es erschien uns geradezu, als hätte das Leid, das wir ertrugen, mit einem Male das Gute in der Welt herbeigezogen. Nicht bloß, daß die gerichtliche Verfolgung niedergeschlagen wurde und so nie etwas von dem Geschehenen an die Öffentlichkeit kam, es ging uns auch sonst wider Erwarten besser. Ich erhielt eine Stellung im Büro eines Handelshauses, in dem der Name meiner Eltern von früherer Zeit her bekannt war. Rascher als ich es je zu hoffen gewagt hätte, arbeitete ich mich in eine leitende Stellung empor, und so wurde es Anna und mir bald möglich, einen sicheren Hausstand zu gründen.«

Kreuzer erzählte noch, er sei mit seiner Frau lange Zeit im Auftrag jenes Handelshauses im Ausland gewesen und allmählich ein reicher Mann geworden.

»Immer wieder«, erklärte Kreuzer, »haben wir uns die Frage vorgelegt, warum wir jenes damalige Leid eigentlich durchmachen mußten. Ich hätte doch auch schon früher eine Stellung bekommen können, und so wäre jene Stunde der Verzweiflung nie über uns hereingebrochen. Der Mensch sucht sich gern eine Erklärung auf solche Fragen zu geben, aber vielleicht hatten Sie damals nicht unrecht«, meinte er, zu mir gewandt, »als Sie bei unserem Gespräch über die Amsel meinten, daß wir den Sinn des Leids wohl nie lichten können. Jedenfalls aber haben solche Erlebnisse wie das unsere eine große und nachhaltige Wirkung und veranlassen uns zu Dingen, die ein anderer, dem nie etwas Derartiges widerfährt, vielleicht sonderbar findet. Kommen Sie«, wandte er sich an mich. »Ich will Ihnen etwas zeigen, das Sie, nachdem Sie meine Jugendgeschichte kennen, wohl interessieren wird.«

Ich war nicht wenig erstaunt über diese Aufforderung und folgte dem Alten, während er mir noch erzählte, daß er sich seit dem Tode seiner Frau hierher in die Landeinsamkeit zurückgezogen habe, durch den Gang des Hauses in ein abseits liegendes Zimmer, zu dem er den Schlüssel bei sich in der Tasche trug. Er sperrte auf und ließ mich eintreten. Es war ein großer Raum, mit Tischen und Sesseln ausgestattet, ähnlich wie ein Konferenzzimmer, als würden hier manchmal geheime Sitzungen abgehalten. Doch hatte ich keine rechte Zeit, diese Einrichtung näher zu betrachten, denn Andreas Kreuzer führte mich an einen großen Schrank, der an der Wand stand. Es war ein feuersicherer Schrank, in dem jedermann wohl das Geld und die Wertsachen vermutet hätte. Nichts davon war darin enthalten. Als Kreuzer die Schranktüre geöffnet hatte, sah ich lauter Akten; Akten in blauen Deckeln, einen auf den andern geschichtet. Auf jedem Umschlag stand ein Name verzeichnet.

»Diese Namen«, erklärte mir Kreuzer, »sind die Namen solcher, die sich im Leben nicht zurechtfanden und aus Leid vom geraden Weg des Lebens abgekommen sind.«

Und nun erfuhr ich auch noch, daß hierher von Zeit zu Zeit jene Anwälte kamen, von denen sich die Leute so manches erzählten. Wie falsch war doch alles, was man gemutmaßt hatte! Hier handelte es sich um keine Vermögens- und Ehestreitigkeiten des Alten, die Rechtsanwälte hatten nur den Auftrag, immer dort einzugreifen, wo ein unschuldig zur bösen Tat getriebener Mensch gefährdet war. Diesem hatten die Anwälte mit ihrem Beistand zu helfen, ohne daß es der Bedachte je erfahren sollte, wer ihm diese Hilfe geschickt habe.

Als ich an diesem Tag, nachdem sich gegen Abend draußen über dem Tal die Wolken zerteilt hatten und die Sonne wieder durchgebrochen war, nach Hause ging, blieb ich oftmals stehen und sah auf das von dem hohen Heckenzaun umwachsene Haus zurück. Über ihm blaute der Himmel, im Tal leuchtete der Fluß. Versonnen schritt ich dahin, während mir der Glanz des aufgeklärten Abends fast das Auge blendete.

Das Wunder der Liebe

Der Finkengraben war ein enges Seitental, das vom Ort aus gegen das Hochland führte. Meist war hier außer dem Ruf der Vögel nichts zu hören als das Zirpen der Grillen. Es war dies eine um so seltsamere Musik, als man die kleinen schwarzen Musikanten nirgends sehen konnte. Sie saßen irgendwo in einem dunklen Loch unter der Erde und erfüllten das ganze Tal mit einem hellen, silbernen Klang. Bisweilen schien es, als tönte die Erde selbst, als zitterte ihre Oberfläche, ja, als wollte die Erde ihre dunkle Schwere auflösen und sich vermählen mit der flimmernden Luft des Sommers. Wie seltsam wirkten in solchen Stunden jene zahlreichen kleinen blauen Schmetterlinge, die sich in der Sonne auf den warmen Wegen sammelten und plötzlich aufflogen wie eine einzige blaue Wolke. Sie schwirrten, schwebten, hundert und aberhundert kleinen Flügeln der Erde gleich, um hoch oben im sommerlichen Blau zu entschwinden.

In diesem Finkengraben saß ich oft lange. Ich wartete damals auf ein Mädchen, das meist in

den Vormittagsstunden aus dem Ort kam. Es war die Tochter eines verwitweten und vorzeitig pensionierten Beamten, eines ebenso stillen wie gütigen Mannes, der sich seit einiger Zeit im Ort eingemietet hatte. Heuer war Magda, die während des Jahres an der Kunstakademie in München studierte, zum erstenmal hierhergekommen. Schon bei unserer ersten Begegnung hatte ich in ihren Augen jene zauberische Türe aufgehen sehen, hinter der alle jungen Menschen die Wunder dieser Welt suchen. Ich konnte mich nicht erinnern, je zuvor in ein so stilles und zugleich so lebendiges Auge geblickt zu haben. Natürlich war es auch Magdas ganzes Wesen, das mich anzog: ihre schöne, schlanke Gestalt, ihr Liebreiz, und nicht zuletzt ihre auffallende Verhaltenheit gegenüber allen Dingen des Lebens. Sie sprach nie ein überlautes Wort, nie hörte ich sie lachen wie andere Mädchen; gerade das Verhaltene ihres Lächelns aber, das sich in ihrem Gesicht spiegelte, erschien mir wie der Glanz eines aufgehenden Lichts.

So war ich denn überaus beglückt und voll von Hoffnungen, als ich mit Magda eines Tages den Finkengraben verließ, um mit ihr immer näher jenem Ziel zuzuwandern, das ein junger Mensch erstrebt. Immer näher wollte ich ihr kommen, mich immer inniger mit ihr verbinden. Zunächst führte uns ein schmaler Bergpfad zwischen Holunder, zwischen Berberitzen und den Sträuchern der Heckenrosen allmählich in das Hochland empor. Korn- und Weizenfelder reihten sich dicht aneinander. Stellenweise waren die Ähren noch etwas grün, aber die Halme schossen schon über uns empor. Wie in einer Flut schritten wir auf den einsamen Feldwegen dahin. Manchmal blühte es unter den Halmen so bunt aus der dunklen Erde hervor, daß ich, süß erschrocken vor dieser Fülle, stehenblieb. Unzählige Kornblumen schauten mir mit ihren tiefblauen Augen entgegen, der rote Mohn klaffte, zart hoben die Kamillen ihre goldenen Krönlein, und die dunklen Raden neigten sich wie trunken, während sich blaue und rote Wicken unzertrennlich um die Halme des Getreides wanden.

Auch Magda betrachtete dies alles so genau, als sähe auch sie in denselben Spiegel hinein, aus dem uns die schönsten und hoffnungsreichsten Bilder entgegenblickten. Während ich ihr immer näher zu kommen trachtete, faßte ich sie schließlich an der Hand und führte sie weiter. Dabei merkte ich, wie die Hand des Mädchens ganz lässig in der meinen liegen blieb. Magda ließ alles mehr mit sich geschehen, als sie es selber tat. So kamen wir durch die sommerlichen Felder allmählich jenem hohen, kegelartigen Waldberg näher, der sich vor anderen Bergen aus der weiten Hochebene erhob. Er war über und über mit Buchen bewachsen. Auf jedem Blatt ruhte das grüngoldene Licht des Sommers. Von der grauen, auf dem Gipfel des Berges liegenden Ruine sah man keinen Stein mehr; alles war zugewachsen; nur Wald, Wald, nichts als schöner, grüner Wald lockte das Auge.

Was für ein geheimnisvoller Zauber überkam mich, als ich mit Magda in das Innere dieses Waldes eintrat. Durch das grüne Laubdach kamen die Lichtstrahlen bis auf den Grund herab und schufen ein eigenartiges Bild. Es leuchteten die glatten Buchenstämme, der Efeu, der sich um sie geschlungen hatte, hellte sich auf, und die bemoosten Felsen bekamen Augen, als sähe etwas Geheimnisvolles, Lockendes aus ihnen. Wieviel Hundert grüne Goldaugen waren auf mich gerichtet! Vor mir, hinter mir, zu allen Seiten sah ich dieses Bild. Da ich merkte, daß auch Magda reglos nach all diesen Goldaugen blickte, entstand eine auffallende Stille zwischen uns.

Als hätte Magda Angst vor dieser Stille, ging sie weiter, und so kamen wir immer höher über den Berg hinauf. Plötzlich standen wir, oben angelangt, vor einem alten Tor. Es war ebenso wie die Mauern der alten Burg sehr verfallen. Wind und Regen, Hitze und Frost hatten es im Laufe der Jahrhunderte zu einem Skelett ausgehöhlt. Zahlreiche Steine lagen in Haufen auf der Erde oder waren in den Burggraben hinabgerollt. Jeden Augenblick konnte sich ein neuer Stein lokkern und herabstürzen. »Du mußt hier achtgeben, Magda«, sagte ich und fing, während ich ihr bedeutete, das gleiche zu tun, zu laufen an, um so schnell wie möglich durch das Tor in das Innere des Burghofes zu gelangen. Auffallend war es, daß Magda auf meine Worte nicht hörte. Sie sah nur lächelnd vor sich hin und schritt ebenso gelassen durch das Tor, als ginge sie auf gewöhnlichen Wegen. Erst im Innern des Burghofes blickte sie stumm nach dem alten Tor zurück. Ich merkte, daß sie an etwas dachte, aber sie sprach ihren Gedanken nicht aus, sondern schritt mit mir zwischen den verfallenen Mauern über den mit Gras bewachsenen Boden des Burghofes weiter. Um einen verschütteten Brunnen herum stand dichtes Gesträuch, Moos wucherte auf dem Gestein, und die hohen, alles überragenden Buchen warfen tiefe Schatten. Magda blickte aufmerksam um sich her. »Du denkst wohl gar an die Geister, die hier umgehen sollen«, scherzte ich. »Aber du brauchst dich nicht zu fürchten. Es ist ja heller Tag jetzt, die goldene Sonne hängt über uns.« Als wir an jenes alte Kellergewölbe kamen, das, wie alles hier, mit Gras überwachsen war und von außen nicht anders aussah als der gewöhnliche Boden, schaute Magda unter das Gewölbe hinab, wo altes Steinwerk in wirren Haufen dalag. »Einst soll es von hier aus in die Erde hinabgegangen sein«, sagte ich, »aber jetzt ist alles verschüttet.« Dann schaute ich in das weite, freie Land hinaus; denn von diesem Gewölbe aus hatte man einen fast grenzenlosen Ausblick. »Sieh nur die schöne Welt an«, sagte ich. »Diese helle, wunderschöne Welt!« Unübersehbare Felder dehnten sich vor unseren Augen. Nur selten lag ein Gehöft dazwischen, ebenso selten unterbrach ein dunkler Wald die sommerliche Weite. »Was für eine Ernte muß das heuer werden«, meinte ich. »Was für eine reiche Ernte!«

Doch wir hatten uns beide kaum auf dem alten Kellergewölbe niedergelassen, da geschah es, daß Magda immer noch stiller wurde, als sie es ohnehin bis jetzt gewesen war. Sie sagte bald kein Wort mehr, und ihre Augen bekamen einen seltsamen Glanz. Je länger ich in diese Augen hineinblickte, desto unabweisbarer wurde in mir das Gefühl, als sähe ich in einen Brunnen hinab, aus dem mir das Gesicht der Tiefe entgegenkam. Dieses Gefühl wurde um so deutlicher in mir, als ich zunehmend wahrnahm, wie sich in Magdas Gesicht ein ernster und nachdenklicher Zug bildete. Ich hatte den Eindruck, als wäre das Gesicht des Mädchens nicht bloß von den nahen, hohen Buchen, sondern noch von etwas anderem beschattet. »Warum bist du so merkwürdig?« fragte ich. Magda jedoch schwieg immer noch. »So sag mir doch, was dich bewegt«, bat ich sie abermals. »Nichts«, sagte sie. Sie sagte es, ohne das Gesicht zu bewegen, ohne den Blick von der uferlosen Weite abzuwenden. »Warum siehst du mich denn nicht an?« drang ich von neuem in sie. Auch darauf sagte sie nichts. Erst als ich schwieg, fing sie zu sprechen an. »Ich muß immer in dieses weite Land hinausschauen«, sagte sie. »Blauer Himmel, goldene Felder, wolkenlose Horizonte. Es sieht aus, als gäbe es nur diese Welt. Dahinter aber liegt wieder eine und hinter dieser abermals eine und immerzu. Ich sehe die große, ferne Stadt vor mir, ihre Häuser und Türme, ihre Plätze und Straßen, ihre Equipagen, ihre Automobile, Theater- und Konzertsäle, ich sehe ein bewegtes, unaufhörlich durcheinanderfließendes Leben.«

Ich war nicht wenig verwundert über die Worte und vermochte nicht zu begreifen, wie Magda jetzt in dieser Stille an die laute Stadt denken konnte. Als ich mich ihr zu nähern suchte, wie um sie in der jetzigen stillen Welt festzuhalten, stand sie plötzlich auf. »Laß uns nach Hause gehen«, sagte sie. »Es wird bald Mittag sein, und daheim wartet man auf mich.« Nun war ich nur noch verblüffter und konnte mir überhaupt nichts mehr erklären. Nur das fühlte ich, daß zwischen uns etwas Unausgesprochenes, etwas Geheimnisvolles da war, das mich um so unruhiger machte, als es mir trotz wiederholter Fragen nicht glückte, in das Verborgene einzudringen.

An einem der folgenden Tage war ich, nachdem ich im Finkengraben vergeblich auf Magda gewartet hatte, allein bis zur Burgruine weitergegangen. Statt mich aber diesmal auf dem alten Kellergewölbe niederzulassen und in das helle Land hinauszuschauen, schaute ich in das Geröll der Steine hinab, das unter der Wölbung angehäuft war. Eine dunkle Öffnung, wohl der Rest eines ehemaligen Ganges, klaffte aus dem Innern der Erde. Wie davon angezogen, stieg ich unter das Gewölbe, bückte mich und suchte durch die Öffnung nach innen zu sehen. Wie weit der Gang wohl einmal geführt habe. Schon in meiner Kindheit hatte man uns von den stundenweiten Ausdehnungen dieser unterirdischen Gänge erzählt, und ich hatte die Ausgänge der dunklen Wege selbst schon da und dort gesehen. So mündete ein solcher Gang auch im Keller eines Nachbarhauses. Es war immer unheimlich gewesen, wenn wir im Schein der Laternen den gemauerten Aus-

gang betrachteten und nichts weiter sehen konnten, weil auch hier nur Schutt und Gestein alles verschüttet hielt. Dann und wann hatten manche Einwohner des Ortes, verborgene Schätze vermutend, zu graben angefangen, aber keiner von allen war noch zu einem Ziel gekommen. Während ich an all dies dachte, erschien vor meinem inneren Augen ein recht seltsames Bild. Ich sah die Erde hell im Licht des Sommers liegen, aber unter der Erde führten die dunkelsten Gänge nach den verborgensten Richtungen auseinander. Ich glaubte, wenn ich auch noch an andere Ausgänge dachte, von denen man sich erzählte, ein gar seltsames Labyrinth vor mir zu sehen, das in meiner Phantasie mit unheimlichen Fangarmen nach allen Richtungen ausgriff.
An dieses Bild mußte ich auch immer denken, wenn ich über Magdas seltsames Wesen nachsann. Ich trieb mich, als müßte ich eine Klärung finden, in dieser Zeit viel in der Gegend umher, ließ mich bald da, bald dort nieder, und schaute meist versonnen vor mich hin. So saß ich eines Tages, als die Sonne meinen Schatten immer länger dehnte, draußen vor dem Ort an jenem Berghang, der zum Hochland führte. Während ich meinen Schatten betrachtete, merkte ich plötzlich, wie sich ein anderer Schatten an mir vorbeischob und sich mit dem meinen zu kreuzen

schien. Ich schaute auf und gewahrte einen jungen Menschen, den ich noch nie gesehen hatte. Er war von großer Gestalt und von auffallend kühnem Aussehen. Die Haare über der hohen Stirn waren etwas zerzaust, als spürte der Fremdling auch am glutheißen Tage noch irgend einen geheimen Wind über sich hingehen. Es sei ein Fremder, dachte ich, der sich die Gegend besehe, und hatte schon wieder auf ihn vergessen, als ich bei meiner Rückkehr in den Ort erfuhr, daß der Fremdling niemand anders gewesen sei als Magdas Bruder. Er sei unerwartet angekommen, habe seine Studien längst hinter sich, aber sich bis heute noch zu keinem festen Beruf entschlossen. Zuletzt sei er mehrere Jahre in Amerika gewesen und auch von dort wieder zurückgekehrt. Nachdem ich ihn kurz darauf kennengelernt hatte, legte ich besonderen Wert auf seinen Umgang; hoffte ich doch, daß unsere gegenseitige Annäherung auch mein Verhältnis zu Magda bestärken und klären werde.

Eines Abends begaben wir uns zusammen auf einen Bierkeller, der außerhalb des Ortes im Tal lag. Es war ein altes, langes, in den Berghang hineingebautes Gebäude. Hinter den feuchten Mauern, im kühlen Dunkel, lagen die gefüllten Fässer; wenn man zu ebener Erde an den großen Kellertüren vorbeikam, roch es immer nach Bier;

denn hier wurden die Fässer abgefüllt, die in dem an den Keller anschließenden, am Berghang gelegenen Wirtshausgarten ausgeschenkt wurden. Unter uralten, hohen Linden standen Tische und Bänke, von denen aus man einen weiten, freien Blick in das Tal hatte. Zwischen den Wiesen wand sich der Fluß dahin, jenseits des Flusses erhoben sich die Uferberge. Sie waren fast kahl, zahlreiche Felsen ragten aus dem steil abfallenden Hang.

Da eben die Sonne unterging, ruhte ein auffallender Goldglanz auf dem grauen Gestein und strahlte durch das Tal bis zu uns herüber. Es war dies ein überaus friedliches und beglückendes Bild, als ruhte der lichte Abglanz der Welt mitten unter uns im begrenzten Tal, um sich jedem mitzuteilen, der sich Zeit nahm, ihn zu betrachten. Friedrich betrachtete den Glanz wie ich, aber er betrachtete ihn anders; denn kaum hatten wir eine Weile geschwiegen, da sagte er: »Schön ist es ja bei euch, aber es ist schade, daß es nur einen goldenen Abglanz und kein wirkliches Gold gibt.« Dazu erzählte er von seinem Aufenthalt in Amerika, von den Goldfeldern, in denen er gearbeitet habe, und geriet, je mehr er aus seinem Krug trank, in eine immer größere Redseligkeit. Ich hörte ihm wohl aufmerksam zu, aber dazwischen dachte ich doch immer an etwas anderes.

Ich wartete nämlich heimlich darauf, ob Magda nicht nachkommen und sich zu uns an den Tisch setzen werde.
Friedrich mußte das bemerkt haben, denn er sagte plötzlich zu mir: »An was denkst du nur eigentlich immer? Ich glaube, du hörst gar nicht recht, was ich dir erzähle.« Ich war betroffen über diese Frage und schwieg. Friedrich kniff ein Auge zu, hob den Krug und stieß mit mir an. »An was du immer denkst«, sprach er, »das ist noch lange nicht so wichtig wie du glaubst. Es gibt etwas viel Wichtigeres für uns junge Leute, den Mittelpunkt der Welt sozusagen; wenn du den erst einmal gefunden hast, kommt alles andere von selber.« — »Den Mittelpunkt der Welt?« fragte ich erstaunt. »Was meinst du eigentlich damit?« — »Was werde ich schon meinen«, erwiderte er. »Das Geld. Was sonst? Als ob es einen anderen Mittelpunkt gäbe!« Ich war fast erschrocken über diese unverhüllte Antwort. Wie der Ton aus einer anderen Welt kam mir die Rede vor. Friedrich hatte dies gemerkt, denn er fuhr, ehe ich erwidern konnte, bereits fort: »Dir kommt das natürlich ganz spanisch vor; denn du denkst wohl nur an das andere. Ich wünsche es dir ja, daß alles gut ausgeht. Aber mach dir keine übertriebenen Hoffnungen. Magda liebt ebenso wie ich die große freie Welt, und

ihre Hand hängt schon jetzt an einer Goldmine, von der sie wahrscheinlich nicht mehr loskommen wird.«

Wenn Friedrich auch nur in andeutenden Worten sprach, ich glaubte es nun doch mit einem Male zu wissen, was schuld war an Magdas seltsamem Wesen. Deshalb also hatte sie droben auf der Ruine an die ferne Stadt gedacht, deshalb war sie plötzlich aufgestanden und heimgegangen.

Als ich am nächsten Morgen im Finkengraben mit Magda zusammentraf, hatte das Licht des Tages eine geradezu unheimliche Schärfe. Es schnitt die Schatten der Schlehen- und Haselnußhecken hart aus dem hellen Weg, und das Gezirp der Grillen mutete an wie ein Fieber der Erde. Als Magda, die bereits durch ihren Bruder von unserem Gespräch auf dem Bierkeller gehört hatte, merkte, daß es zwischen uns nichts mehr zu verschweigen gab, sagte sie: »Warum soll ich es dir auch weiter verheimlichen? Es ist so, wie es dir mein Bruder angedeutet hat.« — »Warum hast du mir das nicht selbst gesagt?« fragte ich. Magda sah vor sich hin. Dann erwiderte sie: »Hätte ich wirklich deine Träume von Anbeginn zerstören sollen?« — »Ja«, sagte ich, »es wäre besser gewesen.«

Es trat nun ein Schweigen zwischen uns ein, in dem unsere Gedanken so laut wurden, daß unse-

re Blicke und unsere Bewegungen mehr verrieten, als es in dieser schmerzlichen Stunde ein Wort hätte vermögen können. Bald sahen wir uns an, bald wichen sich unsere Augen aus, es war ein Zueinanderstreben und ein Voneinanderfliehen, ein immerwährendes, wortloses Fragen, ein Suchen und Irren, ein ruheloser Weg. So kam es, daß Magda mich schließlich an der Hand faßte und sagte: »Wir wollen uns doch nicht so quälen. Wir wollen lieber an etwas anderes denken.«
Ich fühlte es deutlich, jetzt und auch in den kommenden Tagen, daß Magda mich gerne wieder in einem glücklichen Zustand gesehen hätte. Doch als ich immer wieder von allem Bestehenden zu sprechen anfing und sie erkannte, daß es keine Lösung zwischen uns gab, nahm sie sich eines Tages eine Ausrede; sie müsse an dem Konzert eines Musikprofessors mitwirken, sagte sie, und reiste in die Stadt.
Als Friedrich merkte, was er durch seine Worte auf dem Bierkeller zwischen Magda und mir angerichtet hatte, zog er sich nach der Abreise seiner Schwester immer mehr und mehr zurück. Ich hatte den Eindruck, daß es ihm unangenehm war, mit mir über das Vorgefallene zu sprechen. Oft sah ich ihn tagelang nicht, als ginge er nicht mehr aus dem Haus oder als schlüge er Wege ein, auf denen er mir nicht begegnete.

Da hörte ich, daß er in einem jener unterirdischen Gänge, die vom Ort aus bis zur Ruine führten, zu graben angefangen habe. Er suche nach Gold, sagte man, wie das schon andere vor ihm getan haben. Es war mir klar, daß er das, was er draußen in der Welt nicht gefunden hatte, jetzt hier unter der Erde suchte. Tatsächlich betrieb er sein Werk mit einer erstaunlichen Ausdauer und schien das Graben im Dunkel der Erde besser zu verstehen als alle vor ihm.
Eines Tages stand ich eben vor dem Haus, in dessen Keller Friedrich zu graben angefangen hatte. Es gehörte einem Gütler, der mit den Seinen meist bei der Arbeit auf dem Felde war. Der hohe Giebel glänzte im Licht, die Fenster leuchteten; friedliche Tauben saßen auf dem Dach, flogen bisweilen auf und ließen sich wieder auf dem Hause nieder. Kein Mensch hätte hinter diesen Mauern etwas Besonderes vermutet. Ich blieb stehen und horchte. Da ich aber keinen Schlag unter der Erde hörte, glaubte ich, Friedrich habe wohl heute seine unterirdische Arbeit unterbrochen. Plötzlich sah ich aus der Türe des Hauses einen Haufen Kinder auf die Straße stürzen, die offenbar voll Neugier unten im Keller das Graben und Schaufeln des Goldgräbers verfolgt hatten. »Er hat Geld gefunden!« riefen sie. »Er hat Geld gefunden!« Sie wollten es wohl jedem mit-

teilen, so sehr waren sie erfreut über diesen Fund.

Da ich das Geld selbst nicht ungern gesehen hätte und zugleich die Gelegenheit benützen wollte, wieder einmal mit Friedrich zusammenzutreffen, begab ich mich in das alte Haus. Ein breiter, gewölbter Gang führte mich, an den verschlossenen Türen der Wohnräume vorbei, nach hinten. Hier war es ziemlich dunkel, und der Weg über die Kellertreppe hinab schien völlig in der Finsternis zu versinken. Bald merkte ich, während ich weiter über die steinernen Stufen hinabstieg, einen schwachen Lichtschein. Er kam aus einer Petroleumlampe, die Friedrich im Keller aufgehängt hatte.

Friedrich stand eben im Schein des Lichts, er hielt die Hände nahe an die Augen und schien etwas unverwandt zu betrachten. Er war so sehr in diese Betrachtung vertieft, daß er meine Ankunft anfangs gar nicht merkte. Erst als ich ihn beim Namen nannte und sagte, ich hätte von seinem Fund gehört, wandte er sich mir zu. Ich sah, wie er grinste und mir die Hand, die er zuvor an die Augen gehalten hatte, entgegenstreckte. »Du hast also wirklich etwas gefunden?« fragte ich. — »Geld! Geld! Da sieh es dir nur an!« Im Schein der Lampe schaute ich in seine hohle Hand. Es waren lauter kleine Münzen, die darin lagen. Bisweilen schüttelte er sie, als wollte er ihren Klang hören. »Gold scheint es ja gerade nicht zu sein«, meinte ich, als ich nur ein dumpfes Klirren vernommen und bei einer neuen Besichtigung erkannt hatte, daß es lauter kupferne, mit Grünspan überzogene Münzen waren. »Das macht nichts«, erwiderte Friedrich. »Ich werde die großen Schätze schon auch noch finden.«

Nach diesen Worten wandte er sich dem unterirdischen Gang zu. Friedrich hatte Wände und Decken mit Balken und Brettern gestützt. Trotzdem empfand ich kein gutes Gefühl, als sich Friedrich in das Innere des Ganges begab. Ich dachte unwillkürlich an die Fangarme jenes unheimlichen Labyrinths, das auf der Ruine in meinen Gedanken lebendig geworden war.

Gehemmt blieb ich vor dem Eingang stehen. Friedrich leuchtete mit seiner Handlampe den Boden sowie die gestützten Wände ab, um mich zu überzeugen, wie ungefährlich der Gang in diese Finsternis sei. Auch als ich ihm in den Gang folgte, war er eifrig bemüht, mir zu leuchten. Manchmal, wenn Friedrich die Handlampe dicht vor sich hinhielt, wurde es plötzlich stockfinster; denn der Gang war so eng, daß Friedrichs Gestalt bisweilen wie eine wandelnde Tür den unterirdischen Durchschlupf abschloß. Die Nähe der Wände hatte etwas Bedrückendes. Ich stellte mir vor, wie tief wir wohl unter der Erde waren und welches Gewicht auf diesem Gang lastete. Der Gedanke, daß die Erde plötzlich herabbrechen und alles verschütten könnte, trat immer unabweisbarer auf. Friedrich jedoch lachte über solche Einfälle. »Wir sind gleich am Ende«, sagte er. »Die Stelle, wo ich jetzt grabe und das Geld gefunden habe, mußt du dir ansehen.«

Tatsächlich standen wir bald in einer Erweiterung des Ganges; sie sah wie eine kleine Höhle aus und gab uns beiden die Möglichkeit, uns bequemer nach allen Seiten umzusehen. Ich sah die Reste einer alten Mauer und daneben nichts als Erde. Hier führte der Weg nicht mehr weiter. Alles war zu.

»Durch diese Wände also willst du weitergraben?« wandte ich mich an Friedrich. »Natürlich«, erwiderte er. »Sind dir die vermeintlichen Schätze wirklich so viel wert, daß du dich ihretwegen in Gefahr bringst?« »Du siehst doch, wie ich alles gestützt habe«, sagte Friedrich. »Und übrigens«, fuhr er weiter, »ein bißchen Gefahr darf ruhig dabei sein. Das schreckt mich nicht. Bei jedem Spatenstich, bei jedem Schaufelwurf kann es zu klirren anfangen. Jeden Augenblick kann der Schatz vor mir liegen. Für mich jedenfalls ist das, was hier unten hinter den Wänden verborgen ist, lockender als die droben im Licht des Tages ausgebreitete, simple Welt. Was ist denn da oben schon zu finden? Vom frühen Morgen bis zum späten Abend zeigt es die Sonne, was jedem gehört. Alles ist verteilt, und jeder hält krampfhaft an dem Seinen fest. Hier unten aber gehört niemandem etwas und alles dem, der es findet.«

Friedrich hätte wohl noch lange auf mich eingesprochen, wenn ich mich nicht dem Ausgang zugewandt hätte. »Ich kann die Luft nicht aushalten«, sagte ich, »sie nimmt mir den Atem.« Friedrich wollte mir nun zwar einreden, daß man sich an diese Luft gewöhne, aber ich ließ mich nicht mehr halten. So brachte mich Friedrich wieder in den Keller zurück, wo mir das Licht der Petroleumlampe schon wie der lebhafte Abglanz einer lichteren Welt erschien. Fast fluchtartig eilte ich über die Kellerstufen empor, hinaus in das Freie.

Was ich da unten gesehen und empfunden hatte, vergaß ich nicht mehr. Immer wieder stellte ich es mir vor und dachte dabei unwillkürlich auch an Friedrichs Schwester. Mir war es, als ob ich etwas Ähnliches zwischen beiden entdeckte. Immer mehr befestigte sich in mir der Gedanke, daß der Beweggrund Magdas, in die Stadt zurückzureisen, jenem Beweggrund nicht unähnlich war, der Friedrich zum Goldgräber gemacht hatte.

Friedrichs Worte auf dem Bierkeller fielen mir ein, und der endgültige Verlust Magdas wurde mir zur bitteren Gewißheit.
Indessen verging die Zeit. Auf allen Feldern hatte die Ernte begonnen. Für mich freilich war es nicht jene beglückende Ernte geworden, die ich damals auf der Burg erhofft hatte. Ich sah, wie die Sicheln und Sensen blitzten und die Felder immer leerer wurden. Wie Gerippe muteten mich die furchigen Felder an, die Erde wurde sichtbar wie der Leib des Todes. Aus den finsteren Scheunen kamen gehörnte Leiterwagen hervor, die Pferde, die an die Wagen gespannt wurden, spitzten die Ohren, drehten die Augen und schlugen unruhig mit den Schwänzen. Tagtäglich polterten die hochbeladenen Wagen von der Höhe zu Tal; auf allen Wegen lagen verstreute Ähren, überall roch es nach dürrem Stroh.
Während mich so eine fast unabweisbare Schwermut erfaßte, geschah zu allem eines Tages noch etwas, das meine Stimmung nur noch verschlimmerte. Die Getreidewagen, die von der Höhe hereinkamen, blieben in den Gassen stehen und die Fuhrleute liefen von den wiehernden Pferden weg; kleine und große Gruppen von Leuten standen beisammen und sprachen erregt miteinander; denn von Mund zu Mund hatte sich die Nachricht verbreitet, daß der unterirdische

Gang, in dem Friedrich gegraben hatte, eingestürzt sei und ihn verschüttet habe. Als ich, von einem Gang durch die Felder heimkehrend, von diesem Ereignis hörte, lief ich sofort an die Unglücksstätte. Dort erfuhr ich, daß man den Verschütteten bereits befreit und ihn in das Haus seines Vaters gebracht habe. Der Arzt sei bei dem Verunglückten gewesen und habe die nötigen Anordnungen getroffen.

Das Haus, in dem Friedrich bei seinem Vater wohnte, lag ziemlich abseits hinter einem dicht verwachsenen Gartenzaun. Als ich dort ankam, um nach Friedrich zu sehen, stand eben die hölzerne Gartentüre offen; wahrscheinlich hatte jemand in der Eile vergessen, sie zu schließen. Über einen knirschenden Kiesweg schritt ich zwischen den Bäumen des Gartens dem Hause zu. Äpfel und Birnen hingen an den Zweigen; die meisten waren noch unreif, doch manche zeigten schon eine gelbliche Farbe. Im Hausgang blieb ich stehen. Nicht eine Stimme, nicht ein Ton war zu hören. Sicher war Friedrichs Vater fortgelaufen, um etwas zu holen. Leise stieg ich über die Treppe empor zu Friedrichs Schlafzimmer. Ich legte mein Ohr an die Türe und horchte abermals. Auch hier war nichts zu hören. Da drückte ich leise auf die Klinke und trat ein. Ich blickte auf das Bett und bemerkte Friedrichs Gesicht.

»Friedrich«, sagte ich leise, um mich bemerkbar zu machen. Da er aber die Augen noch immer geschlossen hielt, glaubte ich, er schlafe, und wollte ebenso vorsichtig, wie ich gekommen war, wieder gehen. Plötzlich schlug Friedrich die Augen auf. Er sah mich sonderbar an, als kenne er mich nicht. »Friedrich«, sagte ich wieder mit gleich leiser Stimme, »ich bin es.« Nun erkannte er mich. »Ach du«, sprach er. Dann wandte er den Blick zur Decke. »Ich kann das nicht verstehen«, begann er. »Ich kann nicht verstehen, wie das zugegangen ist.« Er sah mich an: »Du hast es doch selbst gesehen, wie ich alles gestützt und gesichert hatte. Nein, ich kann, ich kann es nicht verstehen.« »Friedrich«, sagte ich, »mach dir keine Gedanken über das, was geschehen ist. Sei froh, daß du gerettet werden konntest.« Doch er ließ sich von seiner Rede nicht ablenken. »Ich war so sicher«, fuhr er fort, »so furchtlos, ich glaubte es genau zu wissen, daß ich zum Ziel komme. Da kam der Sturz von oben. Er kam daher, so unerwartet, so plötzlich. Ich hatte mit einem Male keine Luft mehr.« Während Friedrich so sprach, merkte ich, daß irgend etwas in ihm verändert war. Auch seine Stimme hatte einen andern Ton.

Als ich von nun an des Tages oft mehrmals zu Friedrich kam, der außer seinem Vater nur eine alte Zugehfrau zur Pflege hatte, und sich eine Freundschaft zwischen uns bildete, wie sie vorher nie bestanden hatte, hörte ich eines Tages durch die alte Bedienerin, daß Friedrichs Schwester kommen solle, um den Bruder zu pflegen. Der Vater habe ihr geschrieben, erzählte die Alte, und man erwarte jede Stunde ihre Ankunft. Da der Vater schon mehrmals vergeblich am Zug gewesen sei, vermute man, daß Magda wohl im Auto komme; sie könne selber fahren, wußte die Alte zu berichten, und ließ in ihrer Rede durchblicken, daß es der Schwester Friedrichs in der Stadt sehr gut gehe und sie eine besonders reiche Partie mache. »Ja, ja«, meinte die Alte, »man braucht nur hübsch zu sein, dann setzt sich einem das Glück von selbst zur Seite.« Ich sagte nichts und ging weiter. Aber während ich weiterging, hörte ich immer noch die Worte der Zugehfrau, und diese Worte beschäftigten mich so sehr, daß ich an nichts anderes mehr dachte.

Eines Tages blieb ich auf der Straße plötzlich stehen. Ich sah, wie aus der Gegend des Bahnhofes etwas näher kam; es war allerdings kein Auto, sondern ein Mädchen, das einen Koffer trug und das ebenso gehemmt stehenblieb wie ich, als es mich erkannt hatte. Ich traute kaum meinen Augen: Es war Magda. Sie wußte im ersten Augenblick nicht, was sie tun sollte, stellte den Koffer zur Erde und fing in ihrer Handtasche zu suchen an, als hätte sie etwas verloren. Ich begriff, daß sie sich scheute, mir zu begegnen; deshalb wich ich auf einem Seitenweg aus und begab mich hinaus vor den Ort. Ganz erregt war ich, als ich mich auf einen Stein niederließ. So also war sie gekommen! Nicht so, wie es die Alte vermutet und wie ich es mir vorgestellt hatte. Immer wieder überlegte ich, ob ich nun nicht doch wieder, wie jeden Tag, in das Haus zu Friedrich gehen sollte. Ich wollte es auch, aber ich vermochte es trotzdem nicht, Magda gegenüberzutreten.

Eines Tages hatte ich mich zu einem Spaziergang gerüstet, um, wie so oft, die einsame Weite zu durchstreifen, da sah ich, als ich zur Haustür hinaus wollte, jemand näher kommen. Auf den ersten Blick erkannte ich Friedrich. Er hatte den Kopf noch verbunden und stützte sich beim Gehen auf einen Stock. Ich war verlegen und wußte nicht, was ich sagen sollte. Friedrich mußte mir meine Verlegenheit vom Gesicht abgelesen haben, denn er kam meinen Worten zuvor, indem er sprach: »Du brauchst dich nicht zu entschuldigen. Ich verstehe, warum du nicht mehr gekommen bist. Ich hätte es an deiner Stelle wohl ebenso gemacht wie du.« Wir setzten uns beide auf einen alten Stein, der sich, zu einer Bankfläche zugehauen, vor unserem Haus befand. Er war so dicht an die Hausmauer gerückt, daß die Mauer eine natürliche Lehne bildete. »Du kannst also wieder marschieren«, sagte ich, »wie mich das freut, Friedrich!« »Es geht wieder, ja, und ich hoffe, es wird bald wieder ganz gut gehen.« Etliche Kinder liefen vorüber und riefen irgend etwas vor sich hin. Unwillkürlich dachte ich an jene Kinder, die damals aus dem Hausgang gestürzt waren und vom Fund Friedrichs berichteten. »Jetzt wirst du hoffentlich nicht mehr weitergraben«, sagte ich. Friedrich blickte den rufenden Kindern nach. Sie liefen gegen den Fluß, jener Gasse zu, die zum Bierkeller führte. »Erinnerst du dich noch«, begann Friedrich, »als wir damals auf dem Bierkeller saßen und über den Mittelpunkt der Welt sprachen?« »Ich habe oft daran gedacht«, erwiderte ich. »Damals erschien mir jener Abglanz, den wir beide auf den Felsen des Tales sahen, recht geringwertig. Als ich aber in der verschütteten Tiefe lag, wie habe ich mich da nach einem solchen Lichtschein gesehnt. Nur den leichtesten Strahl wenn ich hätte sehen können, nur irgend etwas Helles wenn auf mich zugekommen wäre.«

Friedrich hob das Gesicht, als sähe er nach all dem Licht aus, das er früher kaum beachtet hatte. Ein kurzes Schweigen bildete sich zwischen uns. Hierauf fragte ich, was ihm wohl jetzt als

der Mittelpunkt der Welt erschiene. »Wenn ich dir das so genau benennen könnte«, meinte er. »Nennen wir es einfach das Licht. Etwas Helles muß es jedenfalls sein, wenn es den Mittelpunkt bilden und alles ringsum erleuchten soll.«
Gar zu gerne hätte ich zu dieser Stunde aus Friedrichs Mund auch etwas von seiner Schwester gehört. Ich dachte schon darüber nach, wie ich es anfangen sollte, das Gespräch auf sie zu lenken. Ich wollte schon ihren Namen aussprechen und tat es doch nicht. Während ich so immer noch darauf wartete, daß Friedrich vielleicht von selbst von Magda zu sprechen beginne, hörte ich plötzlich Schritte. Sie kamen deutlich die Gasse entlang, um die Hausecke. Noch konnte ich niemand sehen, doch mit einem Male stand Magda vor uns. Als sie mich bemerkte, stockte sie zwar, aber dann kam sie trotzdem näher. Ich sah, daß sie sehr verlegen war. »Der Vater schickt mich«, sagte sie, zu Friedrich gewandt. »Ich soll dich suchen. Er kümmert sich, du könntest allein zu weit gegangen sein.« »Sag ihm, er möchte keine Sorge haben«, erwiderte Friedrich, »ich sei hier.» »Du willst also nicht mit nach Hause kommen?« fragte Magda. »Jetzt noch nicht gleich«, entgegnete Friedrich. »Doch, wenn du etwas warten willst?« Er rückte etwas zur Seite, um seiner Schwester Platz zu machen. »Viel-

leicht setztest du dich auch etwas zu uns.« Da errötete Magda, war von neuem sehr verlegen und ging denselben Weg zurück, den sie gekommen war.

Friedrich und ich saßen schweigend nebeneinander. Jeder fühlte deutlich, warum Magda sich nicht zwischen uns gesetzt hatte. Es war eine fast peinliche Stimmung. Eine Weile war es so still zwischen uns, daß man das eigene Herz hätte schlagen hören können. Ich hörte es auch wirklich und hätte wohl immer noch kein Wort gefunden, wenn nicht Friedrich, nur um etwas zu sagen, schließlich angefangen hätte, davon zu erzählen, was für eine treffliche Schwester Magda sei und wie gut sie ihn in den Tagen seiner Krankheit gepflegt habe. »Es tut mir nur leid«, fuhr er dann weiter, »daß sie nicht glücklicher ist.« »Nicht glücklich?« fragte ich erstaunt. »Sie kann doch alles haben, was sie begehrt.« — »Es scheint so, ja«, sagte Friedrich, »und es ist auch so. Aber es geht ihr ganz eigentümlich dabei. Nun, da sie alles nehmen soll, stockt ihr die Hand.« —

Eines Tages saß ich, wieder nachdenkend über das, was mir Friedrich erzählt hatte, im Finkengraben. Ich saß im Schatten einer Schlehenhecke und spürte, wie die Sonne auf mich zukam. Ich wollte eben weiter in den Schatten rücken, da bemerkte ich durch das enge Tal zwei Gestalten näher kommen. Es waren Friedrich und seine Schwester. Im ersten Augenblick hatte ich den Gedanken, aufzustehen, weiterzugehen und den beiden auszuweichen. Aber da sie mich bereits gesehen hatten und Friedrich mir aus der Ferne zuwinkte, blieb mir nichts übrig, als auf sie zu warten.

Eine Schar kleiner blauer Schmetterlinge, die sich auf dem Weg um einen Stein gesammelt hatten, brachte mir eine willkommene Ablenkung. Das Licht glänzte auf ihren Flügeln. Wie hundert Spiegelchen waren sie aufgestellt, um den Abglanz des Tages in sich aufzufangen. Unverwandt schaute ich in diese Spiegelchen hinein. Es flimmerte mir vor den Augen, als Friedrich plötzlich vor mir stand. Er beugte sich gleichfalls vorsichtig über die Schmetterlinge und sagte mit einer kaum hörbaren Stimme, als hätte er Angst, den blauen Schwarm aufzustöbern: »Da sind sie ja wieder. Nirgends sonst habe ich solche Schmetterlinge gesehen.« Einige der Falter bewegten leicht die Flügel, andere breiteten sie weit aus und zeigten ihre hauchzarte Fülle.

Während Friedrich noch immer unverwandt die Schmetterlinge betrachtete, als wäre ihm diese Ablenkung ebenso willkommen wie mir, bemerkte ich, als ich das Gesicht hob, Magda wortlos hinter uns stehen. Sie schaute zwischen uns hindurch, gleichfalls auf die Falter. Da trat ich einen Schritt zur Seite, um ihr Platz zu schaffen, damit auch sie sich dem blauen Schwarm nähern konnte. Sie tat dies fast lautlos und so, als gäbe es hier wirklich nichts anderes zu tun, als diese Falter zu betrachten. In der Stille, die zwischen uns herrschte, fingen die Grillen zu zirpen an, und ich hatte das Gefühl, als hätte die ganze Erde rings um uns zu zittern begonnen. Vor meinen Augen flimmerte es immer noch. Trotzdem sah ich es ganz deutlich, wie Friedrich sich tief in die Knie niederließ, um noch lange in seiner Betrachtung zu verweilen.

Magda wurde immer unruhiger. »Was für ein Interesse du jetzt für die kleinsten Dinge hast«, sagte sie, als könnte sie mit diesen Worten den Bann des Schweigens brechen. Friedrich gab ihr ein Zeichen, still zu sein und bedeutete ihr, weiterzugehen, damit sie die Schmetterlinge nicht aufstöre. Nun schien Magda noch unruhiger zu werden. Denn sie fühlte es ebenso wie ich, daß es jetzt kein Ausweichen mehr für uns gab. Sie streifte mich mit ihrem Blick und tat einige Schritte. Als ich ihr folgte, um sie nicht allein zu lassen, sagte sie: »Friedrich ist ganz verändert.«

Langsam gingen wir weiter. Es war ein recht gezwungener, unnatürlicher Gang. Zwar sprachen wir miteinander, aber wir sprachen nur über nebensächliche Dinge: über den Weg, über die Hekken zu beiden Seiten, ob es wohl viel Hagebutten heuer geben werde und dergleichen; denn wir sprachen ja nur, weil wir gezwungen waren, nebeneinander zu gehen und wir das Schweigen in uns eben mit Worten verdecken wollten. Dabei blickten wir immer wieder auf Friedrich zurück, ob er denn noch nicht nachkomme. Doch Friedrich wandte sich nicht ein einziges Mal nach uns um, so daß ich seine Absicht erkannte, uns beide auf diese Weise allein zu lassen.

Ganz unwillkürlich befanden wir uns so auf jenem Weg, den wir einst gegangen waren. Je weiter wir über die Anhöhen hinaufkamen, desto schweigsamer wurden wir. Denn jetzt war es nicht mehr möglich, über bloß nebensächliche Dinge zu reden. Eins horchte auf das klärende Wort des andern, aber keines hatte den Mut dazu. Indessen wölbten sich die Holunder-, die Berberitzen- und Rosensträucher höher und dichter um uns; als sollten wir uns ganz verlieren, als sollten wir jedem Auge entzogen und ganz allein sein, um nichts anderm als uns selbst gegenüberzustehen.

Wir waren so im ansteigenden Hohlweg bald untergegangen. Was sich noch regte um uns, waren etliche Käfer, die über den Weg krochen und das

Licht der Sonne auf dem Rücken schleppten. Dann und wann summte eine Biene oder eine Hummel an uns vorbei. Auch eines Grashüpfers entsinne ich mich noch, der reglos am Wegrand saß und bei unserer Ankunft auf die Spitze eines Grashalmes sprang.

Magda blieb stehen. Dann sagte sie: »Du kannst es nicht vergessen, daß ich damals abgereist bin?«

Ich schwieg und blickte auf den Grashüpfer, der von der Spitze des Halmes wieder weitersprang.

»Ich konnte damals nicht anders«, fuhr Magda fort. »Ich wollte über dich und mich nicht eine Verwirrung kommen lassen, aus der wir beide schwer herausgefunden hätten.« Magda hielt eine Weile inne, um dann abermals fortzufahren: »Als ich damals in die Stadt zurückkam, mußte ich sehr verändert sein. Ich wollte zwar gar nicht verändert sein, aber ich war es eben doch. Es war ganz seltsam; denn so sehr ich mich bemühte, mich zu freuen an der Stadt, ja, je mehr ich mich zu zerstreuen suchte, desto mehr sammelte sich etwas in mir. Bald zeigte es sich als eine krankhafte Nervosität, gegen die ich nicht mehr aufzukommen wußte. Ich lachte oft und war verstimmt dabei, ich litt und lachte doch. Schließlich wußte ich selbst nicht mehr, was ich wollte. Ich verfiel in einen Zustand, der mich ebenso peinigte wie andere. Immer unglücklicher fühlte ich mich, immer unerfüllter und trostloser. Was galten mir jetzt noch die Schätze der Welt, die mir früher so begehrenswert erschienen waren! Es mußte etwas anderes, etwas Glücklicheres geben! In diesen Tagen und Wochen erkannte ich, was mir nie zuvor klar geworden war. Ich erkannte nämlich, daß meine scheinbare Liebe nur eine Verlockung, aber gar keine wirkliche Liebe gewesen war; denn wie könnte eine wirkliche Liebe solchen Schwankungen unterworfen sein, wie ich sie erlebte. Sie muß etwas so ausschließlich in sich Ruhendes sein wie die Sonne am Himmel. Sie hat ihr Licht nur aus sich und keinen Schatten ringsum.«

Magda sah mich an. »Soviel weiß ich bestimmt«, sagte sie, »daß ich nicht mehr in die Stadt zurückkehre. Ich werde mein Studium an einer anderen Akademie fortsetzen.«

Fast reglos hörte ich alles an. Zwar wollte ich nach manchem fragen, was sie in der Stadt erlebt habe, aber ich fühlte, daß es besser sei, zu schweigen und alles Gewesene als für immer vergangen zu betrachten.

Als wir uns bald darauf, auf dem Gipfel des Waldbergs angekommen, vor dem Burgeingang befanden, hoben wir beide den Blick. Noch war das Tor gleich gefährlich wie einst, noch konnte jeden Augenblick ein locker gewordener Stein zur Tiefe stürzen. Doch wir kamen glücklich hindurch und schauten, im Burghof angelangt, auf das Gemäuer zurück. Alles blieb still. Kein Laut regte sich.

Am verschütteten Brunnen vorbei schritten wir dem alten Kellergewölbe zu. Hier fiel uns beim Blick in das Land eine besondere Klarheit des Lichtes auf. Es war jene Klarheit des ausreifenden Sommers, die alle Ferne näher rückt und jedes Ding mit einem milden Licht umgibt. Über die abgemähten Felder zogen die ersten Pflüge, da und dort blinkte ein weißes Saattuch auf. Hinter all dem aber bemerkten wir etwas, das man von hier aus nur selten sah. Es waren ferne, blaue Berge, überaus zarte und lockende Gebilde. Sie muteten an wie Stufen, die in den Himmel führten.

»Nie zuvor haben wir diese Berge gesehen«, sagte ich.

»Ja, wir haben sie nie gesehen«, wiederholte Magda. »Und doch waren sie immer da«, fügte sie hinzu.

»Es war uns eben die klare Sicht nie so günstig wie heute«, meinte ich.

Magda verstand mich. Ich nahm sie an der Hand, sie lehnte sich an mich. Dabei geschah es, daß wir uns plötzlich umfaßten und küßten.

Während ich in Magdas Augen sah, bemerkte ich dort, wo ich einst das Dunkel eines Brunnens gesehen zu haben glaubte, etwas auffallend Helles. Es war wie der Abglanz der vor uns liegenden schönen Welt.

Alles, was war, schien fern zu sein, das dunkle Labyrinth, das sich unter uns von dem Gewölbe aus nach allen Richtungen zog, ruhte unter der Erde.

Als wir auf dem Heimweg, Hand in Hand, in den Finkengraben kamen, saß Friedrich noch immer an der gleichen Stelle, wo wir ihn verlassen hatten, und wartete auf uns. Kaum hatte er bemerkt, daß wir uns gefunden hatten, ging ein zufriedenes Lächeln über sein Gesicht. »Das hättet ihr sehen sollen«, sagte er, »ja, das hättet ihr sehen sollen! Wie die blauen Schmetterlinge, gleich nachdem ihr weggegangen wart, plötzlich aufflogen. Wie eine Wolke flogen sie auf, stiegen zur Höhe und lösten sich auf im Blau.«

Gemeinsam traten wir den letzten Heimweg an. Die Sonne schien warm über uns, fast schattenlos lag der Weg, während ringsum die unterirdische Musik der Grillen das Tal mit silbernem Klang erfüllte.